나는 라이브 커머스로 맞벌이한다

김주아 지음

두드림미디어

드디어 저의 첫 번째 책이 출간되다니 감회가 새롭습니다. 처음 책을 써야겠다고 생각했던 것은, '나와 비슷한 환경의 여성들은 어떻게 그 시간을 활용할까?' 하는 생각에서였습니다. 저는 어릴 때부터 이것저것 시도해보는 것을 좋아하고, 똥인지 된장인지 기어코 찍어 먹어 봐야 직성이 풀리는 사람이었습니다. 그러다 보니 대학교에서 외식조리학과를 전공했지만, 제 전문 분야는 '마케팅'이라는 하나의 큰 틀로 굳어왔습니다. 그리고 블로그로, 인스타그램으로 SNS 안에서 나라는 사람을 어떻게 브랜딩해야 하는지 꾸준히 연구해왔습니다.

어찌 보면 라이브 커머스라는 것도 브랜딩의 한 방법이고 마케팅의 한 분야입니다. 판매량이 많으면 당연히 좋겠지만, 요즘에는 브랜딩의 차원에서 제품의 이미지를 널리 알리기 위해서도 라이브 방송을 합니다. 이처럼 소비문화의 한 축으로써 라이브 커머스는 그

입지를 단단히 굳혀가고 있습니다.

처음 라이브 커머스를 할 때, 서툰 제 모습에 방송 끝나고 쥐구멍 속에라도 숨고 싶었던 기억이 납니다. 하지만 지금은 카메라를 무서워하기는커녕 카메라 앞에서 춤추고, 노래 부르며, 농담도 하는 넉살 좋은 쇼호스트가 됐습니다. 사람은 누구나 처음이 있습니다. 라이브 커머스 시장이 아무리 커졌다고 해도, 새롭게 시작하는 사람들은 언제나 있다는 것을 기억해주셨으면 좋겠습니다. 지금, 라이브 커머스를 처음 시작하기 위해서 이 책을 집어든 분들을 끝까지 응원하고 싶습니다. 처음은 누구나 서툴기 마련이니, 너무 걱정하고 고민하지 않으셔도 됩니다.

우리나라의 합계 출산율은 2023년 기준 0.72명입니다. 앞으로는 더 떨어질 수도 있겠지요. 상당히 우려되는 상황입니다. 저출산의 원인은 여성들에게 가중되는 육아와 경제적인 이유 등 다양한 원인이 있습니다. 맞벌이를 하는 여성들이 많이 늘어난 영향도 있을 것입니다. 그리고 이런 상황에서 임신과 출산을 겪으며 경력단절의 위기를 맞은 여성분들도 많을 것입니다. 저는 그분들의 휴직 기간을 알차고 의미 있게 사용했으면 하는 마음에서 이 책을 쓰기로 했습니다. 저도 그 어려움을 실제로 겪었고, 저의 이야기를 책에 담으며 다시금 눈물을 훔치기도 했습니다. 그 간절함을 알기에, 저와 같은 분들이 이 책을 읽고 희망을 가지고, 생각지 못한 분야에서 자신의 재능을 발견하게 되기를 바랍니다.

이 책은 라이브 커머스가 연 새로운 시대에 관한 탐구입니다. 우리는 어떻게 라이브 커머스가 소비자와 판매자 간의 관계를 혁신하고, 어떻게 이를 통해 비즈니스 모델이 변화하고 있는지 살펴볼 것입니다. 또한 라이브 커머스가 어떻게 현재의 시장 동향과 미래의 전망에 영향을 미치고 있는지 탐구할 것입니다. 라이브 커머스는 우리가 앞으로의 디지털 시대를 대비하고, 새로운 경쟁력을 확보하는 데 필수적인 요소입니다. 라이브 커머스의 세계를 낯설어 했다면, 이 책을 통해 한 발짝 더 친해지는 계기가 됐으면 합니다.

김주아

1장

왜 라이브 커머스를
해야 하는가?

왜
라이브 커머스인가

　나는 2017년 12월, 홈쇼핑 회사에 입사했다. 일하면서 많은 상품을 기획해 홈쇼핑에 입점시켰다. 방송을 진행하고, 물류와 공급망 관리까지 완벽하게 끝내고 나면 뿌듯했다. 한마디로 홈쇼핑 상품의 전 과정을 경험했다. 그때까지만 해도 TV홈쇼핑은 독보적인 쇼핑매체였다. 한국은 특히 홈쇼핑 고객층이 두터운 나라였다. 택배 시스템도 잘되어 있는데다, TV라는 쇼핑매체에 대한 고객의 의존도가 굉장히 높았기 때문이다. 라이브 커머스가 등장하기 전까지는 그랬다. 그러다가 2019년 말부터 시작된 코로나 바이러스는 쇼핑 문화를 더욱 빠르게 변화시켰다. '코로나는 2030년을 2020년으로 앞당겼다'라는 말도 생겼을 정도로 사람들의 삶의 형태와 패턴은 급격히 변화했다. 특히 가장 크게 변화한 것은 소비성향이다. 나조차도 마트에 가 본 적이 언제인가 싶을 정도로 쿠팡 프레시를 애용하고, 네이버 쇼핑 라이브 최저가로 물건을 산다. 패션, 뷰티, 생필품부터 식품까지 삶에 필요한 모든 물건을 온라인으로 구매하고 있다.

 최근 1인 방송이 대세를 이루며, 그 발전과 변화는 지푸라기에 불이 붙듯 번져나가고 있다. 특히 개인 플랫폼에서 라이브로 방송을 하는 인플루언서가 늘어나기 시작했다. 유튜브 라이브 방송과 인스타그램 라이브 방송이 바로 그 예시다. 이렇게 개인 플랫폼에서 공동구매 제품을 개인 방송으로 판매하는 현상이 시작된 지는 몇 년이 됐다. 그러다 코로나가 시작되고, 단 2년 만에 '라이브 커머스' 시장은 무섭게 성장했다. TV에서 송출하는 방송으로만 쇼핑하는 시대는 지나갔다.

 라이브 커머스 시장의 규모는 첫해인 2020년 4,000억 원대에서 2023년에는 10조 원 규모에 달했다. 놀라긴 이르다. 2030년에는 30조 원으로 어마어마한 성장세를 전망하고 있다. 이렇게 가파르고 무섭게 발전하고 있는 시장에 하루라도 빨리 뛰어들어야 한다. 너도나도 다 하는 것 같은데, 이미 늦은 것이 아닌가 하는 염려는 넣어두길 바란다. 시장이 이렇게 폭발적으로 성장한 지는 3년밖에 되지 않았으며, 앞으로는 더 확장된 온라인 쇼핑 시대가 도래할 것이니 말이다.

라이브 커머스(live commerce)는 라이브 스트리밍(Live Streaming)과 이커머스(E-commerce)의 합성어다. 한마디로, '생생하게 실시간'으로 온라인 쇼핑을 한다는 뜻이다. 이는 TV로만 물건을 구매하던 기존 홈쇼핑과는 큰 차이가 있다. 스마트폰만 있으면 출퇴근길이나 카페, 차 안 등 어느 곳에서나 내가 원하는 상품을 구입할 수 있는 것이 바로 라이브 커머스다. 심지어 오늘 주문하면 내일 새벽에 배송해주는 빠른 택배 시스템은 온라인 쇼핑문화의 발전에 큰 기여를 했다. 내일 낭장 내기 필요로 하는 물품이 집 앞까지 오는데, 굳이 시간을 들여 마트에서 물건을 쇼핑할 필요가 없어진 것이다.

어린 아기를 키우는 집이 있다고 가정하자. 아기가 어릴 때는 보통 남편이 경제활동을 하고 아내가 육아를 도맡는다. 그럴 때 어린 아기를 데리고 쇼핑을 다니기는 어렵다. 물론 바람을 쐬기 위해서 일부러 백화점의 문화센터를 찾는 경우도 있기는 하지만, 단순히 생필품을 구입하기 위해 아기를 데리고 장을 보고 귀가한다는 것은 어려운 일이다. 거동이 불편한 노부모를 모시는 가정에도 똑같이 적용해볼 수 있는 문제다.

코로나가 소비 패턴을 변화시켰다는 것은 엄연한 사실이지만, 코로나가 종식된다고 지금의 비대면식 쇼핑문화가 옛날로 돌아가지는 않는다. 이 시장은 코로나라는 방아쇠가 크게 당겨져 빠르게 변화했을 뿐이지, 이미 편리함에 길들여진 소비자가 구태여 코로나가 끝난다고 해서 다시 기존의 쇼핑문화로 돌아가지는 않을 것이라는 예측이다.

MZ세대는 자신을 드러냄에 거침없다. 이들은 개인의 행복을 우선시하며 퍼스널 브랜딩(Personal Branding)에 진심이다. MZ세대 소비의 특징은 당사자가 판매자인지 소비자인지, 그 경계가 뚜렷하지 않다는 것이다. 스스로 소비자가 됐다가, 상품에 만족하면 공동구매를 열어 자신만의 후기와 제품의 상품성을 적절히 포장한다. 그리고 자신만의 컨셉으로 다시 본인의 플랫폼에서 형성해놓은 팬덤에게 이를 판매한다. 라이브 커머스 시장은 이런 MZ세대의 특징에 정확히 부합하는 쇼핑문화다. "내가 사용해봤는데 너무 좋아서 방송까지 하게 됐다"라는 멘트가 성립되는 것이다. 그렇게 판매자는 고객에게 신뢰를 주고, 더욱 친근하게 다가간다.

기존 TV홈쇼핑은 일방향 방송이었다. 방송을 보는 시청자는 ARS나 앱(App) 접속을 통해 상품을 구매했고, 쇼호스트가 TV에서 설명하는 것을 보고 듣기만 하고 결정을 내려야 했다. 그러나 라이브 커머스는 이러한 방식과 큰 차이가 있다. 바로 생방송을 통해서 고객과 실시간으로 소통할 수 있다는 점이다. 방송 중에 고객의 궁금증을 해소해주기도 하고, 직접 사용하거나 입어 보고, 먹어 보면서 생생하게 소비자의 가려운 곳을 긁어준다. 뿐만 아니다. 라이브 커머스 셀러는 실시간으로 고객과 직접 소통하며 자신만의 팬덤까지 형성할 수 있다. 라이브 방송이 시작되면 화면 하단의 대화창에 방송에 참여하는 고객들의 문의가 실시간으로 올라온다. 물건에 대한 궁금증, 용도, AS관련 문의, 실제 착용 모습, 색상에 대해 서슴없이 물어보고, 셀러는 즉시 궁금증을 해결해준다. 그런 과정을 통해서 고객은 더 빨리 구매를 결정할 수 있다.

중국의 라이브 커머스

라이브 커머스 쇼핑이 활발히 이루어지는 것은 한국뿐만이 아니다. 중국의 틱톡, 미국의 아마존, 구글의 유튜브 등 각국의 거대 플랫폼들이 라이브 커머스 시장을 빠르게 장악하고 있다. 몇 년 전 나는 네이버 스마트 스토어에 온라인 매장을 오픈해서 동대문 새벽시장을 주 3회씩 오갔다. 의류 사업을 위해 동대문을 내 집 드나들듯 간 덕에 지금도 눈을 감고도 거래처가 어디였는지 그려진다. 어느 날은 새벽 2시쯤 동대문 의류 상가를 돌고 있는데, 스마트폰을 들고 다니면서 실시간으로 판매활동을 벌이고 있는 중국 왕홍(중국의 인플루언서를 일컫는 말)을 실제로 보게 됐다. 알아들을 수는 없어도 느낌적으로 실시간 판매를 하고 있다는 것을 알 수 있었다. 순간 머리를 한 대 얻어

맞은 것 같은 문화충격을 느꼈다. '저런 쇼핑문화가 우리나라에도 곧 번질 것이다'라고 직감했는데 아니나 다를까. 정확히 몇 년 지나지 않아 라이브 커머스 시장이 폭발적으로 성장했다. 코로나로 인한 쇼핑문화의 변화도 한몫했지만, 굳이 코로나가 아니더라도 라이브 커머스 시장은 빠르게 쇼핑의 형태를 바꾸어놓았을 것이다.

현재 중국에서는 SNS 틱톡의 중국판인 '더우인(DOUYIN)'을 통한 왕홍 마케팅이 가장 흥행하고 있다. 틱톡은 초기에 개인 브랜딩의 목적으로 활용되는 사례가 많았으나, 현재는 중국의 페이(Pay) 시스템과 결합하며 중국에만 서비스 되는 '더우인'이라는 라이브 커머스 서비스를 제공해 쇼핑과 마케팅 부문에서 폭발적인 시너지를 내고 있다.

미국의 라이브 커머스

라이브 커머스 쇼핑이 하나의 콘텐츠가 되어 즐길 거리가 된 것은 미국의 아마존도 마찬가지다. 미국은 특히 코로나가 시작된 이후 전자상거래 이용률이 대폭 증가했다. 미국의 라이브 커머스 시장 규모는 2020년 기준 60억 달러(한화 약 8조 970억 원), 2022년 160억 달러(한화 약 21조 6,000억 원), 2024년에는 350억 달러(한화 약 47조 2,500억 원)가 될 것으로 전망된다. 실제 국내 대기업인 아모레 퍼시픽에서도 2020년

아마존 라이브에 상품을 론칭해 자사 브랜드 제품을 선보였다. 뿐만 아니라 구글의 유튜브 또한 2023년 유튜브 쇼핑을 개설해 라이브 커머스 시장에 본격적으로 뛰어드는 시도를 하고 있다. 국내에서는 아직까지 네이버와 카카오가 막강한 라이브 커머스 플랫폼이라고 할 수 있는데, 유튜브까지 이에 합세하면 정면 경쟁구도가 생겨날 것으로 예상된다.

워킹맘과 전업주부 사이의
딜레마

《82년생 김지영》이라는 책을 아는가? 2019년 영화로도 개봉했고, 한동안 출판계를 넘어 국민적으로 화제였던 소설이기에 모르는 사람은 없을 것이다. 특히 대한민국 여자라면 말이다. 이 작품은 대한민국에서 여성으로 살아가는 현실을 여과 없이 보여준다. 내가 처음 《82년생 김지영》을 접했을 때, 나는 미혼이었고 아이도 없었다. 그래서인지 작품의 50%밖에는 공감하지 못했다. 하지만 결혼을 하고 엄마가 된 후 이 작품을 영화로 다시 접했을 때는 전혀 다른 느낌을 받았다. 왜냐하면 당시의 내가 작품 속 '82년생 김지영'의 삶을 그대로 살고 있었기 때문이다. 물론 대한민국의 남자들도 고충이 있고 힘들기는 마찬가지일 것이다. 하지만 여성의 입장에서 바라보면, 대한민국에서 여성으로 커리어를 쌓기가 어려운 것이 사실이다. 물론 기혼여성에게 대놓고 '당신 나가시오' 하는 회사는 없다. 그러나 상황 자체가 커리어를 이어가기 힘들게 하는 경우가 많다.

나는 대학에서 외식조리학을 전공했다. 적성에 맞춰서 선택한 전공이었기에, 대학 과정을 공부할 때는 정말 즐겁게 학교를 다녔다. 하지만 졸업 후 현실을 깨달았다. 취업난은 이미 시작됐고, 많은 대졸자들이 실업과 취업 문제로 자존감을 잃어갔다. 나도 예외는 아니었다. 대학 졸업 후 정말 다양한 일을 접했다. 취업을 준비하면서 놀고 있을 수만은 없었기에 웨딩 플래너부터 교육 대기업까지 다양한 일을 했고, 마케팅 스타트업의 셋업 멤버로 일을 하기도 했다. 3년을 이런 일 저런 일 해보다가 최종적으로 2017년 12월에 홈쇼핑 회사에 입사했다. 그리고 많은 상품을 론칭하며 홈쇼핑이라는 채널에 쏙 빠져들었다. 적성에 맞는 일이었기에 애정을 가지고 일했다. 그러다 결혼을 하고 첫아이가 태어났다.

대학 졸업 후 대략 7~8년 정도 지난 시점에 여자들은 인생의 큰 전환점을 맞는다. 첫 번째는 결혼이고 두 번째는 출산이다. 나도 그랬다. 맞벌이로 여유롭게 살다가 아이가 태어남과 동시에 쪼들리기 시작했다. 심지어 홈쇼핑은 밤낮없이 해야 하는 일이 많았기 때문에 체력은 기하급수적으로 빨리 축났다. 아이가 생긴 시점에, 집을 구입하느라 무리하게 대출까지 받았다. 그런 상황에 산부인과에서 처음으로 아기의 심장소리를 들었을 때 이상한 기분이 들었다. 마냥 기뻐할 수만은 없는 심정이었다. 아기를 낳기 위해서는 어마어마한 비용이 들어간다는 것도 겪어 보지 않고는 몰랐다. 아기가 태어난 순간부터 산후조리원 비용, 산후 도우미 비용, 아기 용품 등 육아에 들어가는 돈은 끝이 없었다. 게다가 나는 일을 할 수 없는 상태였다. 누구나 그렇듯이 출산 직후에는 몸이 회복이 덜 된 데다, 하루 24시간 신생아와 붙어 있어야 했기 때문이다. 아기는 밤낮으로 칭얼댔고 생활 패턴은 엉망이 됐다. 갑자기 외벌이로 반토막 난 수입과 맞물려, 지출은 두세 배가 되어버리니 정말 숨쉬기가 힘들었다. 남편은 또래에 비해 높은 수준의 연봉을 받았지만, 집 대출과 아이의 탄생은 남편의 높은 수입도 무색하게 만들었다. 하루살이가 아닌 한 달 살이처럼 다달이 마이너스가 이어졌다. 어느 날은 남편이 퇴근하고 들어와 가계 지출을 혼자 감당하기 힘들다며 웃음기 없는 얼굴로 말했다. 항상 웃는 얼굴에, 긍정적이고 밝은 말만 하는 사람이 어두운 말을 쏟아내니 정신이 번뜩 들었다.

'내가 다시 일을 해야겠구나.'

그래서 아이가 5개월이 됐을 때 친정 엄마께 아이를 맡기고 다시 일을 시작했다. 몸이 완전히 회복되지도 않은 상황에서 부랴부랴 복직을 결정했다. 그렇게 하면 가정에 평화가 찾아오고, 가계 상황이 조금 나아질 줄 알았다. 하지만 그 생각은 완전히 오산이었다. 5개월 만에 엄마와 떨어진 아이는 밤낮이 바뀌어 밤 11시까지 잠들지 않았다. 엄마가 직접 신경 써주지 못하니 월령에 따른 영양분을 공급받지 못하고, 이유식 시기를 놓치기 일쑤였다. 친정 엄마는 큰 사랑과 관심으로 최선을 다해 아이를 돌봐주셨다. 하지만 쑥쑥 커나가는 아이를 업어 재우시며 허리에 무리가 가서 디스크를 얻으셨다. 그리고 점점 세지는 아이의 고집을 이기기에는 엄마도 역부족이었다.

　그 무렵 서로 예민했던 나와 남편의 사이도 최악으로 치달았다. 완전히 회복이 되지 않은 몸으로 힘든 방송업계에서 다시 일하려니 나의 생활 패턴도 뒤바뀌어버렸다. 그러다 보니 나도 스스로가 굉장히 예민해지는 것을 느꼈다. 월급을 받아도 양육비를 드리고 나면 다달이 마이너스였다. 하지만 항상 더 드리지 못해 죄송한 마음으로 살아야 했다. 결국 복직한 지 얼마 되지 않아 나는 나가떨어지고 말았다. 그렇게 즐겁게 일하던 홈쇼핑을 완전히 퇴사하게 된 것이다. 복직을 하고 일을 하는 내내, 과거 내게 즐겁기만 했던 일들이 고통으로 다가왔다. 주 5일을 밤낮으로 일하고 주말에는 아이를 보러 친정으로 달려가는 생활을 몇 개월 하고 나니, 체력은 완전히 바닥났고 생기발랄하던 외모는 모든 빛을 잃었다.

아기가 태어나기 전, 홈쇼핑에서 일을 하면서 '쇼호스트'라는 직업에 매력을 느껴 스피치 학원을 등록했다. 정말 열정을 다해 배웠다. 그 과정에서 친한 동생들이 생기고 서로 정보와 도움을 나누는 사이가 됐다. 그중 몇 명은 공채 쇼호스트를 준비하면서도 라이브 커머스로 방송을 하며 잘나가는 상황이었다. 그러면서 서로 방송 일이 있으면 소개해주기도 했는데, 그때 처음 라이브 커머스 방송을 접하게 됐다. 첫 방송은 어색하기도 하고, 카메라 너머로 나를 보고 있는 많은 고객들이 무섭기도 했다. 하지만 조금씩 적응해가며 방송을 즐기게 됐다. 라이브 커머스라는 쇼핑문화가 앞으로 더 커지고, 규모가 막대해질 것이라는 확신이 들었다. 더불어 육아를 하면서도 방송을 할 수 있다는 점이 좋았고, 조금씩 나의 수입이 가계에 보탬이 된다는 확신도 들었다.

그러나 라이브 커머스는 무작정 시도해서는 안 된다. 요즘 라이브 커머스에서는 퍼스널 브랜딩이 필수다. 그렇기 때문에 나는 라이브 커머스를 시작함과 동시에, SNS도 열심히 운영했다. 이 모든 기록을 통해 새롭게 라이브 커머스를 시작하는 초심자에게 도움을 주고, 나만의 브랜딩 경쟁력을 갖기 위해서였다. 기록은 그냥 하면 안 된다.

아무렇게나 하면 그저 일기 쓰기밖에 되지 않는다. 때로는 과감한 결단도 필요하다. 자기계발을 위해서 나의 노력과 시간, 비용도 과감히 투자할 줄 알아야 한다. 발전하려면 움직여야 하고, 쓸 때는 쓸 줄도 알아야 한다. 나의 계획은 성공적이었다. 그래서 나의 첫 책이 출간된 현재, 나는 라이브 커머스 쇼호스트이자 퍼스널 브랜딩 전문가로 입지를 굳히는 데 성공했다.

'육아를 하면서도 일을 할 수 있는 방법이 없을까?'

항상 가지고 있던 이 질문의 해답은 라이브 커머스였다. 직접 경험해보고 그 위력을 느꼈기에 더욱 자신 있게 말할 수 있다. 또한 라이브 커머스와 함께 퍼스널 브랜딩의 최고봉인 책 쓰기를 권하고 싶다. 이를 통해 보다 많은 여성들이 결혼을 하고 출산을 하면서 경력 단절이라는 피할 수 없는 아픔을 피해갔으면 한다.

1시간에
1,000만 원을 판다

이제 1시간에 1,000만 원을 파는 것은 라이브 커머스 시장에서 흔한 일이다. 라이브 커머스를 꼭 해야 하는 이유는 이제 말하기도 입 아프다. MZ세대는 특히 이미지와 영상을 확인하고 물건을 구매하는 세대다. 요즘에는 규모가 크지 않은 의류 쇼핑몰이라도 상세 페이지 안에 옷감의 재질이나 탄성을 실제로 보여주는 GIF 이미지나 영상을 필수로 삽입한다. 이 영상과 GIF 이미지는 판매 실적과 직결되는 중요 포인트로 작용하고 있다. 더군다나 판매자가 실시간으로 상품에 대한 궁금증을 해소해주고, 생생하게 라이브 영상으로 보여주는 상품을 구매하는 소비문화는 그 확산세가 더욱 빠르다.

실제로 몇 년 전, L사의 한 노트북 방송에서는 90분 동안 특집으로 라이브 커머스를 진행한 결과, 약 10억 원 정도의 매출 성과를 냈다. 이는 단가가 높은 전자기기를 판매했기 때문이라고 생각할 수도 있지만, 사실상 웬만한 홈쇼핑 전자기기 방송의 매출 규모를 능가하는 수준이니 놀라운 결과였다. 이뿐만 아니라 2021년 9월, 캐주얼 패션의 대표 브랜드 무신사는 자사 라이브 커머스를 통해 방송 매출 3억 4,000만 원을 달성한 바 있다. 방송 시간은 단 60분이었다. 이와 같은 사례 외에도, 개인이 1시간에 1,000만 원의 매출을 올리는 것도 라이브 커머스에서는 흔한 일이 됐다. 현재도 라이브 커머스로 1시간에 수천만 원을 판매한 사례는 다양한 산업 분야에서 발생하고 있다.

화장품 브랜드 B사의 경우에도 라이브 커머스를 활용해 1시간 동안 놀라운 매출 기록을 세웠다. B사 또한 라이브로 시청자와 소통하며, 제품의 특장점을 소개하고 궁금한 점을 실시간으로 대답해줘서 소비자의 구매욕을 끌어올렸다. 소비자는 직접 눈으로 보고 듣고, 묻고 답하며 소통하는 방식을 통해 제품에 대한 확신을 높였고, 이것은 구매까지 이어지는 계기가 됐다.

결국 앞서 이야기했던 패션 브랜드 무신사의 경우와 뷰티 브랜드 B사의 이야기를 종합해보면 알 수 있다. 패션, 뷰티, 전자제품, 생활용품 등 모든 분야에서 라이브 커머스가 통하는 것이다.

라이브 커머스에서 1시간에 수천만 원의 판매를 이끌어낸 앞선 사례들은 강력한 마케팅 전략과 효과적인 콘텐츠 기획, 고객과의 신뢰 구축 등을 바탕으로 이루어진 결과다. 이들 사례는 실시간으로 상품을 소개하고, 구매 동기를 제공하는 것이 라이브 커머스의 핵심이라는 점을 잘 보여준다. 또한, 브랜드 인지도와 신뢰도를 높이는 데에 있어서 라이브 커머스가 매우 유용한 도구임도 확인할 수 있다. 이러한 사례들은 경력단절 여성들에게 라이브 커머스가 제공하는 가능성과 기회를 보여주며, 창의적이고 전략적인 마케팅을 통해 라이브 커머스를 효과적으로 활용할 수 있는 방법을 제시하고 있다.

또한 라이브 커머스는 단순히 방송으로만 수익을 창출할 수 있는 것은 아니다. 라이브 커머스를 통한 수익 모델과 수익 창출 방법은 굉장히 다양하다. 여기서는 라이브 커머스에서 수익을 얻기 위해 고려해야 할 몇 가지 주요한 요소들을 살펴보고자 한다.

라이브 커머스의 7가지 수익 요소

1. 광고 수익 : 라이브 커머스 방송에서 광고를 통해 수익을 창출할 수 있다. 플랫폼의 광고 파트너십 프로그램에 참여하거나, 제품 브랜드와의 협찬 광고를 진행하는 등 다양한 광고 수익 모델을 고려해볼 수 있다.

2. 상품 판매 : 라이브 커머스는 실시간으로 상품을 판매할 수 있는 플랫폼이다. 시청자들에게 제품을 직접 소개하고 판매하는 것을 통해 수익을 창출할 수 있다. 상품의 매력적인 설명과 시연을 통해 구매를 유도해보자.

3. 유료 구독 : 라이브 커머스 방송에 유료 구독 서비스를 도입해 매월 일정 금액을 지불하는 구독자들에게 특별 혜택을 제공할 수 있다. 유료 구독자들에게는 독점 콘텐츠, 할인 혜택, 멤버십 등을 제공하며 구독자를 늘려 구독료 수익을 창출할 수 있다.

4. 편의 시설 이용료 : 라이브 커머스 방송 중에 특정 시설이나 장소를 이용하는 경우, 해당 시설의 이용료를 수익원으로 활용할 수 있다. 예를 들어, 스튜디오나 촬영 공간을 이용해 라이브 커머스를 운영하고 있다면, 해당 공간의 대여사업을 직접 운영하며 이용료 수익을 얻을 수 있다.

5. 제작 수수료 : 다른 사람들의 라이브 커머스 방송을 제작하거나 도움을 주는 경우, 제작 수수료를 받을 수 있다. 라이브 커머스 방송에 경험이 있는 사람이라면 이를 이용해, 다른 판매자나 브랜드와의 협업을 통해 수익을 창출할 수 있다.

6. 부가 서비스 제공 : 라이브 커머스 방송 외에도 부가적인 서비스를 제공해 수익을 창출할 수 있다. 예를 들면 개인 상담, 상품 컨설팅, 제품 패키징 등의 부가 서비스를 라이브 커머스를 통해 제공할 수도 있다.

7. 아티스트 수익 공유 : 다른 아티스트나 크리에이터와의 협업을 통해 수익을 나눌 수도 있다. 방송에 함께 참여하거나 상품을 공동으로 판매하는 등 다양한 분야의 협업자를 통해 판매 분야를 확장하고, 상호 간의 수익을 늘릴 수 있다.

라이브 커머스 방송의 주체로서만 수익을 얻는 고정관념에서 벗어난다면, 다양한 방법으로 수익 모델과 수익 창출 방법을 고려해 볼 수 있다. 라이브 커머스 자체는 창의적이고 다양한 가능성을 가졌음을 잊지 말자. 자신의 장점을 활용하고 차별화된 전략을 수립해 라이브 커머스를 통해 수익을 창출해보자. 효과적인 수익 모델을 구축하기 위해 자신의 목표와 타깃 그룹을 명확히 설정하고, 변화하는 시장 트렌드를 주시하며 지속적으로 성장해나가는 것이 앞으로의 라이브 커머스 호스트에게는 더욱 중요해질 것이다.

월급만으로
부자가 될 수 없는 이유

당신은 당신의 월급에 만족하는가? 대부분의 사람들이 본인의 월급에 만족하지 못한다. 나 역시도 그랬다. 아무리 열심히 직장을 다니고 발버둥을 쳐도, 재산이 늘어나기는커녕 빚이 늘어나는 속도가 더 빨랐다. 집을 사느라 무리하게 받은 대출금에 다달이 들어가는 생활비로 인해 월급은 통장을 스쳐가는 존재일 뿐이었다. 전형적인 하우스 푸어(House Poor)의 모습이었다.

대학을 졸업하고 첫 직장에 들어갔을 때의 마음은 누구에게나 새롭다. 열심히 공부해서 취업에 성공했으니 오래도록 회사에 이바지하는 일원이 되고자 노력한다. 첫 직장에 들어가 첫 월급을 받을 때의 그 기분이란. 이대로 천년만년 다니며 부모님께 용돈도 드리고,

결혼도 하고, 자녀도 양육할 수 있을 것만 같다. 하지만 그 달콤함은 오래가지 않는다.

　일단 월급에서 가장 먼저 세금이 떨어져나간다. 내 통장에 찍히는 실수령액과 원천징수 금액이 다른 이유가 그 때문이다. 다달이 들어가는 비용도 만만치 않다. 미혼 남녀도 차비, 식대, 통신비, 보험료, 생활비를 떼고 나면 월급은 그저 통장을 스쳐 지나갈 뿐이다. 부모님 집에 얹혀사는 경우라면 월세라도 아낄 수 있을 테다. 하지만 자취를 해야 하는 상황이면 거기에 '월세'라는 무시하지 못할 지출까지 더해진다. 그렇게 몇 년간 열심히 일하고 결혼하면 상황이 달라질까? 결혼하는 이들의 가장 큰 문제는 집이다. 부모님께 도움을 받아 집을 마련한 경우라면 정말 다행이겠지만, 대부분 대출을 받아야 하는 것이 현실이다. 집값이 한두 푼이면 모르겠지만 억대를 호가하는 집을 마련해야 하니 월급만으로는 역부족이다. 결국, 축복받고 희망에 차야 할 시기에 어쩔 수 없이 빚을 떠안고 시작하는 것이 신혼부부의 현실이 된다.

　2023년 기준, 우리나라 가임여성 1명당 출산율은 0.72명이다. 빚을 떠안고 결혼생활을 시작하다 보니 아이를 가질 엄두가 나지 않는 것도 이해가 간다. 정말 암울한 수치가 아닐 수 없다. 그런 상황에서 계획에 없던 아이가 생기기라도 하면 그야말로 지옥이 시작되는 것이다. 축복과 희망으로 가득해야 할 신혼에 '출생'이라는 단어가 걱정과 막막함의 대명사가 되어버린다. 너무나 슬픈 현실이다.

그래도 일단 결혼했다고 치자. 그러면 다달이 들어가는 생활비와 대출 이자로 숨이 막혀온다. 원금과 이자만으로도 벅찬데 월 고정 지출로 옴짝달싹할 수 없게 된다. 아이가 태어나면 아내는 회사를 휴식하게 되고, 남편이 외벌이로 가계를 책임져야 하는 현실에 처하고 만다. 아내의 임신 기간부터 출산까지 들어가는 비용과 산후조리비, 아기용품들까지. 하나부터 열까지 돈 들어가는 일이다. 그런데 혼자 가계의 짐을 짊어지자니, 남편도 막막하다. 게다가 아이에게 들어가는 돈은 또 한두 푼인가. 결국, 남편도 산후우울증에 빠지는 형국이 되고 만다.

요즘은 직장의 개념이 상당히 모호해졌다. 근무 형태도 정규직, 계약직, 당사직, 파트 타임 따위의 다양한 형태가 존재한다. 월급만으로는 먹고살기 힘들다는 것을 알게 된 아내들이 직장을 벗어나는 일도 많아졌다. 특히 요즘 젊은 엄마들이라면 한 번쯤 '블로그 마켓'이나 '스마트 스토어' 등을 만들어 봤을 것이다.

나는 젊은 부부들이 한 살이라도 어릴 때, 월급 외의 수입이 들어오는 파이프라인을 만들어야 한다고 생각한다. 온라인에 나만의 상점을 여는 것이다. 이것은 부업으로도 시작할 수 있다는 것이 가장 큰 장점이다. 조금씩 취미생활 하듯이 시작하다, 나중에는 본업으로 바꾸어버리는 사례도 많다. 또한, 혼자서 운영이 가능하고 무자본으로 시작할 수 있다는 것이 큰 장점이다.

나는 2014년에 웨딩플래너로 첫 사회생활을 시작했다. 취업을 준비하면서 놀고 있을 수만은 없다는 생각에 시작한 일인데 꽤 적성에 맞았다. 결혼도 하지 않은 미혼 여성이 매일 드레스숍과 메이크업숍을 드나들고, 예쁜 스튜디오와 예물숍을 다니니 얼마나 행복하고 들떴겠는가. 그때 회사에서는 내게 블로그 운영을 가르쳤다. 그때까지 블로그라는 것을 막연하게만 알았고, 실제로 해본 적은 없었다. 처음에는 많이 서툴렀다. 일기장을 방불케 하는, 허접하기 짝이 없는 블로그를 그래도 꾸준히 운영하다 보니 점점 고객들의 유입이 많아지고, 문의가 들어오기 시작했다. 블로그의 위력을 처음 느낀 순간이었다.

블로그는 내 적성과 굉장히 잘 맞았다. 휴대전화에 사진이 점점 늘어나고 용량이 부족해졌다. 그것이 불편해서 사진에 일기처럼 살을 붙여 하나의 포스팅으로 만들었다. 사진 찍고, 글 쓰는 것을 좋아하던 나였기에 발전 속도는 엄청나게 빨랐다. 아무렇게나 휴대전화 속에 저장되어 있던 사진들이 모여서 스토리텔링이 됐다. 또 누군가는 내가 쓴 글을 보고 반응을 남겨줬다. 그것이 정말 짜릿했다. 그렇게 1년 조금 안 되게 블로그를 운영하던 어느 날, 500~600명이던 블로그 방문자가 갑자기 3,000~4,000명으로 불어나기 시작했다. 파워블로거가 된 것이다. 내 블로그는 무서운 속도로 성장했고, 결국 일 방문자 1만 명이 들어오는 플랫폼이 되어 있었다.

당시 첫 사회생활이었기 때문에 나의 기본급은 130만 원가량밖에 되지 않았다. 물론 열심히 저축하고 절약했지만 쪼들리는 것은 마찬가지였다. 하지만 그런 일상에 숨통을 틔워준 것이 바로 블로그였다. 그즈음 내가 좋아하는 작업도 하면서 광고수익으로 월 600~700만 원을 꾸준히 벌고 있었다. 월급의 네 배가 넘는 수준이었다. 심지어 월급처럼 살인적인 세금을 떼어가지도 않았다. 상품도 무상으로 제공받았고, 나는 나대로 상품 리뷰를 정성스럽게 작성해 업데이트했다. 그러자 네이버에 상위노출이 됐다. 그것만 확인되면 광고회사로부터 30분 만에 원고료가 지급됐다. 건당 5만 원에서 많게는 30만 원까지 원고료를 받았다. 심지어는 원고뿐만이 아니라 유명한 식당에서도 파워블로거라고 극진히 대접해줬다. 맛있는 음식도 먹고, 원고료도 받는 구조가 만들어지자 광고와 콘텐츠의 힘을 절실하게 느끼게 됐다.

　누군가는 '블로거지(블로거+거지)'라며 비판하기도 하는 분위기였지만, 나는 최대한 나의 생각을 객관적으로 쓰고자 노력했다. 그리고 광고 콘텐츠라면 꼭 '소정의 원고료와 상품을 지급받고 최대한 객관적으로 작성했다'라는 문구를 삽입했다. 그렇게 하루에 4건씩 꾸준히 한 달간 작업했다고 생각해보라. 그리고 1년간 그 작업이 쌓인다고 생각해보면, 내가 밀려들어오는 수입에 신이 나는 것도 이상하지 않았다.

　그 당시 남동생은 20살이었다. 동생은 스스로 용돈을 벌겠다는 기특한 생각을 가지고 여러 아르바이트를 했다. 가끔은 인력소개소에 새벽같이 나가 공사장에서 막노동을 뛰기도 했다. 그렇게 버는 돈이 일당 10만 원이었다. 그 모습을 지켜보다 나는 동생에게 진지하게 블로그를 해보라고 권유했다. 그리고 실제로 용돈도 지원해줬다. 내가 여유로워서 돌려받을 것을 생각하지 않고 가족을 도울 수 있는 그 기분은 정말 행복 그 자체였다.

　지금은 유튜브가 대세가 됐고, 예전만큼 블로그의 힘이 크지는 않다. 하지만 나는 아직까지도 블로그가 퍼스널 브랜딩의 첫 번째 관문이라고 생각한다. 담을 수 있는 스토리가 많을뿐더러 한 주제로 사진과 동영상을 담을 수 있는 범위가 넓기 때문이다. 블로그와 함께 인스타그램, 유튜브 등의 플랫폼을 활용하면 그 파급력은 더욱 커질 것이다.

지금도 가끔씩 작성해놓았던 콘텐츠를 보면서 그 시절의 추억에 빠지고는 한다. 콘텐츠의 힘을 직접 경험해본 만큼, 다른 이들에게도 더더욱 월급에만 의존하지 말라고 말해주고 싶다. 지금의 내가 라이브 커머스로 수익을 내게 된 것도 그때 블로그를 통해서 부수입원의 힘을 느꼈기 때문이다. 그때 내 마인드를 꾸준히 변화시켰기 때문에 지금의 위치까지 올 수 있었다고 생각한다.

코로나 팬데믹 시대가 한바탕 휘몰아치고 난 뒤, 많은 직장인들이 재택근무를 경험하고 있다. 직장에 출퇴근하지 않아도 일할 수 있다는 것을 몸소 체험하는 시대다. 다른 분야에서도 이러한 시대의 요구로, 환경이 계속해서 변화하고 있다. 직장인이라면, 일단 출퇴근하며 허비하는 시간을 절약해서 자기계발을 하라고 말해주고 싶다. 무작정 퇴사를 종용하지는 않겠다. 고정 급여는 필요하기 때문이다. 특히나 혼자 사는 미혼 남녀가 무작정 직장을 그만두면, 당장 다음 달의 생활이 막막해진다. 하지만 꾸준히 자기계발을 하면서 온라인에 나만의 상점을 만드는 물밑 작업은 시작해야 한다. 직장을 다니는 동안 했던 자기계발이 어느 순간 '부캐'가 아닌 '본캐'가 되어 있을지는 아무도 모르는 일이다.

무자본
라이브 커머스의 시작

한때 '퇴직금을 쏟아부어 차린 치킨집이 모두 망했다'라는 기조의 뉴스가 떠돌았다. 물론 요즘 인터넷 기사를 조금만 찾아봐도, '40대 과장님이 퇴직금으로 차린 치킨집이 망했더라' 하는 말은 심심찮게 볼 수 있다. 나도 비슷한 경험이 있다. 옛 직장 퇴직금으로 옷가게를 차렸다가 보기 좋게 망했다. 당시 친구가 스마트 스토어로 신나게 매출을 올리고 있는 것을 보고, 머릿속으로 '이 정도 자본금에 대출의 도움을 받고, 이 정도의 정보력이면 부딪혀 볼 만하겠다' 하는 생각이 들었다. 당시 오프라인 매장을 가지고 있는 업체가 스마트 스토어를 만들면 '○○윈도'라고 해서 네이버 쇼핑 상단 노출이 잘되는 특혜를 받을 수 있었다. 나는 역으로 생각해서 먼저 온라인 쇼핑몰을 만든 뒤, 오프라인 매장을 내자는 생각을 했다. 온라인 쇼핑몰을 활용하고, 오프라인 가게까지 있으면 잘될 것이라는 확신이 있었다.

그러나 제대로 시작하기도 전에 이런저런 난관에 부딪혔다. '이 정도면 되겠지'라고 막연히 생각했던 것이 큰 착각이었던 것이다. 그래서 나는 라이브 커머스 시장에 진입할 때에도 최대한 소자본 혹은 무자본으로 도전해보기를 권한다. 알아보면 알아볼 수록 내 돈을 안 들이고 사업할 수 있는 방법이 무궁무진하다.

나의 두 번째 스마트 스토어는 호주나 뉴질랜드에서 생산되는 건강식품을 구매대행 해주는 '건강식품 구매대행' 사이트였다. 이 시스템은 이전의 계획보다 훨씬 쉽고 간편했다. 더군다나 무자본으로 할 수 있다는 것이 가장 큰 메리트였다. 내가 제품을 가지고 있지 않아도, 구매 고객이 주문을 함과 동시에 고객정보를 현지에 있는 생산처에 넘겨주면, 매장에서 바로 고객에게 해외 배송을 해줬다. 스마트 스토어를 열고 80개 정도의 상품을 올릴 즈음, 첫 주문이 들어오기 시작하더니 점점 주문이 증가해, 한 달 용돈 치고는 쏠쏠한 수준의 돈을 벌 수 있게 됐다. 여기서 그치지 않고 생활용품이나 인테리어 소품 등 품질 좋은 상품을 저렴하게 제공하는 도매처를 알아내점포와 자본 없이 물건을 팔았고, 더 나아가 라이브 방송까지 할 수 있게 됐다. 요즘은 정보력이 가장 중요한 시대다. 네트워크 마케팅을 하는 물건을 팔더라도 판매력만 갖추고 있으면, 본사에서 물건을 배송해주는 시스템을 얼마든지 찾아볼 수 있다.

　당신이 지금 육아로 인해 경력이 단절된 상태라면, 어렵더라도 조금씩 짬을 내 당신과 협력할 파트너(도매처, 생산처)를 찾아봤으면 한다. 나를 지지해줄 파트너를 찾는 방법은 무궁무진하며, 온라인으로도 얼마든지 가능하다. 뿐만 아니라, 인스타그램이나 블로그 등 당신만의 SNS가 활성화되고 있다면, 당신이 가지고 있는 판매력은 공신력이 생길 것이다.

방송경력 없이
셀러가 되다

   많은 사람들이 내게 "방송 진행 경력이 없는데, 저도 라이브 커머스에서 방송을 할 수 있나요?"라고 질문한다. 요즘은 전직 아나운서, 쇼호스트, 심지어 연예인이나 셀럽까지도 라이브 커머스 시장에 뛰어든다. 그러다 보니 일반인은 이를 어렵게 생각할 수밖에 없고, 진입에 자신감이 떨어지는 것도 이해가 간다. 하지만 나 또한 대학교에서 외식조리학을 전공하고, 방송국에서 일을 했을 뿐 실제 방송 채널에서의 쇼호스트 경력은 없었다. 방송국에서 일을 하다 보니 자연스럽게 말로 상품을 판매하는 직업인 '쇼호스트'에 큰 매력을 느끼게 됐고, TV홈쇼핑은 경쟁률이 굉장히 높기 때문에 차선책으로 생각했던 것이 라이브 커머스였다. 라이브 커머스 시장은 생각보다 진입 장벽이 높지 않았다. 판매하고자 하는 회사와 중간 에이전시만 잘 알아놓고, 방송실적을 레퍼런스로 쌓아 가면 계속해서 경력을 쌓을 수 있었다. 요즘에는 라이브 커머스 셀러 양성 기관이 굉장히 많기 때문에 클라이언트가 많은 교육기관을 잘 골라 시작만 해도 내 분야를 키워가는 것은 시간문제다. 하지만 시작을 잘해야 그다음 단계가 탄탄대로가 된다는 것은 확실하다.

솔직히 당시의 나는 라이브 커머스가 이렇게 커질 줄도 모르고 뛰어들었다. 평소에 나는 퍼스널 브랜딩에 꾸준히 관심이 있었고, 내 이야기를 SNS에 옮겨 기록하는 것을 좋아했다. 그러다 보니 글을 맛깔나게 쓰는 방법에 욕심이 많아졌고, 곧 청중을 매료하며 말하는 법까지 관심을 가지게 됐다. 그 시기가 내가 쇼호스트라는 직업에 큰 매력을 느꼈던 시기다.

글이라는 것은 말을 옮겨 적어놓은 것이다. 그렇기 때문에 글쓰기를 연습하다 보면, 말까지 조리 있게 하는 방법을 터득하게 된다. 더불어 블로그 마켓과 인스타그램 공구를 운영해보면서 플랫폼의 수익구조를 이해할 수 있었다. 아니나 다를까 인스타그램에서 라이브 방송으로 판매를 하는 셀러들이 등장하기 시작했고, 그러한 움직임은 코로나의 확산과 함께 라이브 커머스로까지 이어졌다. 주변에서 함께 상품 스피치 연습을 했던 친구들이 하나둘씩 라이브 커머스 셀러로 입지를 다져갔다. 심지어는 1시간에 1,000만 원의 매출을 올렸다는 지인의 이야기가 심심찮게 들려오면서 라이브 커머스는 정말 걷잡을 수 없을 정도로 큰 시장이 될 것이라는 직감이 들었다.

오랫동안 홈쇼핑 업계에서 몸담고 일을 하다 보니 많은 쇼호스트와 연예인 게스트들을 봐왔다. 하지만 그분들도 처음부터 그렇게 말을 잘하거나 전문성이 뛰어났던 것은 아니다. 평소에는 평범하며 소박했고, 카메라가 꺼져 있을 때는 오히려 내성적인 것처럼 보이는 분들도 있었다. 하지만 카메라가 돌아가고, 방송이 켜질 때만큼은 모두 프로 정신을 발휘했고 온 정신을 집중해 텐션을 끌어올렸다. 그런 모습을 볼 때면 정말 그들은 프로라고 느낄 수밖에 없었다. 결론은 그렇게 평범한 사람들도 방송이 시작되면 순간 캐릭터를 전환한다는 것이다. 즉, 쇼호스트도 모두 우리와 다를 바 없는 한 사람의 아내, 언니, 엄마라는 사실을 알 수 있다.

실제로 쇼호스트들의 전직(前職)은 굉장히 다양하다. 보험 판매원, 옷가게 사장님, 승무원, 영어 선생님, 전업주부, 모델, 작가, 일반 사무직 등 다양한 직종이 있다. 다른 곳에 몸담았다가 쇼호스트가 되는 분들의 공통점은 모두 판매하고자 하는 상품에 대해 고객에게 설명하는 소구 포인트를 잘 잡는다는 것이다. 눈치챘겠지만 결국 전직

이 중요한 것이 아니다. 중요한 것은 상품을 얼마나 잘 표현하는지, 그 표현력이다. 심지어 표현력은 가꿔갈 수 있는 부분이다. 아무리 제로베이스라고 하더라도 노력하면 쌓아갈 수 있다. 자신의 생각을 조리 있게 전달하지 못했던 사람들도, 다듬고 다듬으며 놀라운 셀링을 하는 것을 여러 번 목격했다. 심지어 1년 만에도 엄청난 속도로 발전하는 사람들을 내 눈으로 똑똑히 봤다.

《가상 빨리 부지 되는 법》의 저자 알렉스 베커(Alex Becke)는 그의 책에서 '어떤 일이든 1~2년 붙들고 노력하면 잘하게 된다'라고 말했다. 실제로 그는 아무것도 없었던 군인 신분에서 벗어나 검색엔진 최적화(SEO, search engine optimization)에 빠져 16시간을 내리 일하기 시작했고, 전문가가 되겠다는 일념 하나만으로 달려 성공했다. 현재 그는 유튜버로도 활동하며 사업체 2개를 운영하는 슈퍼리치다. 가끔 우리 주변에도 게임에 빠져 사는 지인들을 볼 수 있다. 무능력하고 게을러만 보이는 그들은 빠져 사는 게임에 관해서 만큼은 대단한 전문가다. 어떤 분야든 수백 시간을 들여 완전히 집중하면 전문가가 되지 못하는 분야는 없다.

홈쇼핑과 라이브 커머스는 닮은 듯 다르다. 홈쇼핑은 수동적 소비이고, 라이브 커머스는 능동적 소비라고 했던 누군가의 표현이 딱 알

맞다. 가장 큰 차이는 고객과의 소통 방식이다. 또한 송출되는 매체의 규모도 다르다. 홈쇼핑의 스튜디오는 굉장히 크고, 동원되는 인원도 정말 많다. MD(Merchandiser)와 PD(Program Director), 쇼호스트뿐만 아니라 무대 스태프들과 FD(Floor Director), 식품 방송일 경우에는 요리사와 요리 스태프 등 동원되는 인원 및 장비부터가 라이브 커머스보다 훨씬 큰 규모다. 실제로 그 현장에 가면 분위기에 압도되어버릴 때도 많았다. 카메라가 돌아가면 쇼호스트들은 정말 화려한 언변을 자랑하며 시청자와 썸을 타듯 밀고 당기며 상품에 대한 소구 포인트를 꼬집어준다. 몇 년에 걸쳐 홈쇼핑에 근무하면서 지켜본 바로, 그렇게 잘하게 된 쇼호스트들도 처음 시작할 때는 풋풋하고 떨리고 어리숙한 순간들이 있었다. 이는 누구나 겪는 과정이기 때문에, 순간의 창피함이나 위기를 견뎌내는 간절함과 강한 멘탈만 있다면 충분히 도전해볼 만한 일이다.

그러면 라이브 커머스는 어떨까? 홈쇼핑과 달리 라이브 커머스는 집에서 스마트폰 하나만으로 시작할 수 있다. 식품 방송을 진행하는 경우에는 스마트폰을 거치대에 올려놓고 주방에서 요리를 만들어, 맛있게 먹는 모습을 보여주면 하나의 방송이 된다. 여기에 콘텐츠적 요소를 가미하면, 내 방송을 일부러 보려고 찾아오는 팬덤이 생기기 시작한다. 내 집이 바로 스튜디오가 되고 촬영장이 되는 것이다. 집은 내가 항상 머무르는 곳이기 때문에 긴장감을 훨씬 덜 수 있는 장점도 있다.

물론 처음 방송할 때는 접속자가 7,000명이 넘고 1만 명이 되는 것이 눈에 보였기 때문에 스마트폰 카메라 너머의 그 수많은 눈들이 두려웠다. 그래서 어떻게 말을 했는지도 모르게 식은땀을 흘리며 1시간 분량을 겨우 채웠던 것이 생각난다. 하지만 이런 과정 없이 방송을 잘하고자 하는 것은 욕심이다. 앞의 과정을 거쳐 완벽에 가까운 완성도를 내며, 성장의 희열감에 취하는 기쁨은 직접 겪어 보지 않는 한 평생 알 수 없는 감정이다.

누군가에게는 아직까지 생소한 단어이기에 여전히 많은 사람들이 라이브 커머스의 진입 장벽이 높다고 생각한다. 하지만 기회의 문은 두드리는 자에게 열리기 마련이다. 시작이 반이라는 말도 있듯이, 지금 시작하면 반은 성공한 것이다.

현재 유튜버로 한참 인기를 얻고 있는 지인이, 과거에 이런 말을 한 적이 있다.

"지금 시작하지 않으면 그만큼 늦어지고 있는 것이다."

그는 본인이 하고 있는 '유튜버'라는 직업을 두고 한 말이었지만, 나는 이 말이 '라이브 커머스'에도 적용된다고 본다. 현재 전업주부라 아이를 키워야 한다거나 생계가 달려 있어 다니기 싫은 직장을 어쩔 수 없이 다녀야 하는 상황이라면, 자기 전에 30초만이라도 동영상을 찍어 기록을 남겨놓는 연습을 해보면 어떨까? 본인이 쓰는 스마트폰, 읽고 있는 책, 화장품, 전자기기, 좋아하는 베이커리의 빵, 자주 사먹는 편의점 음식, 손이 가서 자주 입게 되는 옷 등 어떤 상품이든 좋다. 내가 왜 이것을 사용하고 있고, 왜 좋아하는지, 어떤 사람들이 이 상품을 사용하면 좋을지를 키워드로 적어 본 뒤 영상을 찍어 보는 것이다. 영상을 찍고 난 뒤, 꼭 다시 돌려보며 표정이나 발음을 체크해봐라. 2차적으로는 친한 지인이나 스터디를 함께하는 그룹에 피드백을 요청해도 좋다. 이런 작은 움직임을 통해 나중에는 큰 결과를 얻을 것이다. 단, 하고자 하는 일에 언제나 몰입을 한다는 전제하에 성공이 따라온다는 것은 명심하기를 바란다.

나는 라이브 커머스로
맞벌이한다

라이브 커머스는 내게 부업이었다. 직장을 다니면서 낮에는 출근을 하고, 저녁에는 집에 와서 라이브 방송을 했다. 간단하게 가림천과 조명 4개로 테이블을 세팅하고, 상품을 예쁘게 배치하니 그럴듯한 나만의 스튜디오가 만들어졌다. 회사에서 집에 돌아와 지치고 힘들었을 법한데도, 내가 즐겁고 재미있는 일을 하다 보니 더 생기가 솟는 느낌이었다.

지난 2021년 말, 한창 코로나가 기승을 부리고 있을 때다. 그때는 사회적 거리두기 단계도 심화된 시기였다. 그런 이유로 많은 사람들이 연말인데도 연말다운 분위기를 느끼지 못했다. 대다수의 사람들이 어디 놀러가지 못하고 집에 머무는 시간이 많아졌다. 그때 나는 네이버 쇼핑 라이브에서 덴탈 마스크를 판매했다. 집에 머무르는 시간이 많다 보니 쇼핑 라이브를 보는 시청자 수가 많았다. 더욱이 당시에 필요한 생필품을 판매했기 때문에 방송할 때마다 시청자 수는 늘어났고, 금세 1만 명이 시청하는 방송이 되어 있었다.

방송이 시작되면 어김없이 고객들이 들어와 채팅창에 인사를 건넸다. 이렇게 생생하게 고객과 소통한다는 것이 너무나 짜릿했다. 물론 홈쇼핑의 쇼호스트와는 다른 매력이겠지만, 라이브 커머스는 생동감을 느낄 수 있다는 것이 셀러로 하여금 판매를 더 잘하고 싶게 하고, 일하면서도 신이 나게 만드는 점이었다. 실시간으로 고객과 소통하면서는 카메라 너머로 옆집 언니, 동생과 수다를 떠는 기분이었다. 한참 재미있는 이야기를 나누며, 이거 좋다고 한번 써 보라고 내가 직접 써 본 물건을 추천해주는 기분이랄까. 직장에서 힘들었던 이야기, 코로나 때문에 부모님이 걱정된다는 이야기, 남편과 아이들 챙기느라 고생하는 이야기 등. 이렇게 시시콜콜한 대화를 하면서 크게 공감을 해줬다. 그 과정에서 마스크를 색상별로 바꿔 착용해가며 실물을 보여주니 고객들 반응도 굉장히 좋았다. 마스크는 색깔별로 5종이었다. 가장 기본이 되는 블랙과 화이트 그리고 파스텔톤의 그레이, 핑크, 퍼플까지 예쁜 색상에 100% 국산 제품, 멜트브로운 필터까지 정말 제품력이 좋았다. 심지어 방수력까지 좋아서

음료수로 방수시연을 할 때마다 전혀 새어나오지 않아 직접 보여주는 나도 놀라게 한 상품이었다. 이 제품의 특징과 장점, 스토리텔링, 다른 고객들의 평가, 브랜드에 대한 이야기 등 할 말은 정말 무궁무진해서 1시간 방송이 부족할 정도였다.

그때의 주 고객층은 30~40대 주부들이었다. 그래서 그런지 언니 같은 느낌이 많이 들었고, 그들의 고충을 들어주고 싶고, 공감해주고 싶은 마음이 컸다. 그 고객들의 고충에 깊이 공감해주며 제품에 대해 궁금한 점이 있으면 바로바로 대답해주니 매출은 쭉쭉 올라갔다. 고객들은 자신들의 고충을 상담해주고, 상세하게 시연해가며, 가격까지 저렴한 마스크를 안 살 이유가 없었던 것이다.

앞서 말한 것처럼 그 당시 나는 홈쇼핑을 다니고 있었다. 홈쇼핑에서는 상품을 기획하는 직장인이었고, 퇴근해서 돌아오면 라이브 커머스 셀러로 변신해 상품을 판매하는 투잡을 뛰었다. 2가지 일을 병행하니 월수입이 꽤 많이 늘어났다. 실제로 그때는 하루를 꽉 채워서 살아갔던 덕에 잘 시간에는 머리만 대면 곯아떨어지는 것이 일상이었다. 슬럼프를 느낄 틈이 없었던 것이다. 슬럼프라는 것은 보통 정신적인 틈을 비집고 들어온다. 반대로 체력적으로 힘든 일을 꾸역꾸역 할 때는 번아웃이 올 수도 있었다.

하지만 나는 당시에 일이 너무나 재미있었다. 홈쇼핑도 재미있었고, 라이브 커머스 쇼호스트로 변신해 카메라 앞에 설 때도 즐거웠다. 그리고 그런 나의 에너지가 클라이언트에게도 전달이 됐는지, 방송을 더 해달라고 계속 요청이 들어왔다. 결과적으로 나는 당시에 같은 상품을 40회가량 방송했다. 참 감사한 일이었다.

이렇듯 일에 몰입하게 되면 시간도 빨리 지나가고 일상도 즐겁다. 하지만 너무 신나게 일한 나머지 체력 안배에 실패하며 번아웃을 겪게 됐다. 홈쇼핑은 새벽 6시에 첫 방송을, 익일 새벽 2시에 마지막 방송을 한다. 각각 첫방, 막방이라고 하는데 혹여나 새벽 1시에 방송이 있는 날이면 집에 돌아오면 새벽 3시였고, 새벽 6시에 방송하는 상품이 잡히면 새벽 4시에는 일어나 집을 나서야 했다. 뿐만 아니라 주말이나 크리스마스와 같은 공휴일에도 방송이 있으면 출근을 해야 했다. 이렇게 홈쇼핑이라는 직업의 특수성 때문인지 나의 체력은 크게 소모됐다.

그러나 라이브 커머스에 도전하려는 분들 중에 나와 같은 케이스는 많지 않을 것이다. 라이브 커머스를 처음 접하는 분들은 보통 경력 단절에서 자괴감과 괴리감을 느끼는 여성분들이었다. 또는 틀에 박힌 직장생활의 패턴에 지루함을 느끼는 분들이 많았다. 그런 경우에는 이렇게 조언하고 싶다.

먼저, 육아를 하며 경력단절을 겪고 있다면, 아기를 키우면서 사용했던 육아용품을 시작으로 짬이 나는 시간에 도전해보는 것을 추천한다. 가정 경제를 책임지는 배우자가 있으니, 이런 케이스라면 오히려 차근차근 레퍼런스를 쌓아 가는 데 큰 부담과 어려움이 없을 것으로 생각된다. 몸이 자유롭지 않으니 시간은 조금 걸리더라도, 스트레스 받지 않는 선에서 시작한다면 분명 좋은 결과를 얻을 수 있을 것이다. 요즘에는 인스타그램에도 아기 성장 기록을 남기는 젊은 엄마들이 많다. 그들은 육아 계정을 통해 서로 소통하고 물건에 대한 정보를 나눈다. 열정 가득한 엄마들이 많다는 것은 그만큼 내 아기가 쓰는 물건과 먹는 이유식, 육아 꿀템에 대한 정보를 나누고 싶은 분들이 많다는 것이다. 그런 정보를 더 많은 사람들과 나눠 보자는 생각으로 시작하면 더없이 좋을 것 같다.

두 번째로 직장생활을 하는 분들은 퇴근 후 집에서 방송을 최소 1회씩이라도 하면서, 스펙트럼을 점차 넓혀가는 것을 추천한다. 진부하게 들릴지 모르지만, 어떤 상황이든 부족한 것은 바로 시간이기 때문에 꾸준함만이 생명이라고 말해주고 싶다. 그렇다고 당장 다달이 나오는 급여를 버리고 무모하게 뛰어들 수는 없다. 활동반경을 계속

넓혀가면서 입지를 다지는 것만이 답이다. 방송을 잡는 방법이나, 직접 방송을 오픈하는 방법은 뒤에서 차차 설명하도록 하겠다. 일단 지금은 내가 이것을 할 수밖에 없는 이유와 앞으로 어떤 식으로 활동할 것인지에 관해 더 생각해보고 고민해보길 바란다.

2장

소통하는 셀러가
살아남는다

실시간 소통과 신뢰로
나를 브랜딩하라

당신의 퍼스널 브랜딩 지수는 얼마인가? 이제는 스스로 PR을 해야 하는 시대다. MZ세대는 1980년대 초부터 2000년대 초에 출생한 밀레니얼 세대와, 1990년대 중반부터 2000년대 초반에 출생한 Z세대를 통칭하는 말로, 이들의 가장 큰 특징은 개인의 행복을 최우선한다는 것이다. 이들은 최신 트렌드와 더불어 남과 다른 이색적인 경험을 추구한다.

일본 3대 통신회사 중 하나인 소프트뱅크 그룹 창업자 손정의(孫正義)는 이런 말을 했다.

"사람이 모여드는 장소만 만들면 나머지는 간단하다. 돈을 버는 것은 그 후에 생각하라. 우선은 사람을 모으라.”

여기에 가장 알맞은 SNS는 누가 뭐라 해도 ‘인스타그램’이다. 2010년에 처음 출시된 인스타그램은 10년이 훌쩍 지난 현재, 퍼스널 브랜딩을 하고자 하는 사람이라면 무조건 활용하는 채널이 됐다. 소위 ‘인플루언서’라고 불리는 인스타그램 셀러는 ‘라이브 방송’ 기능을 통해 본인이 판매하는 상품을 실시간으로 시청자에게 소개하기도 한다. 이것이 바로 인스타그램에서의 ‘라이브 커머스 방송’ 개념이다.

나는 라이브 커머스 쇼호스트로 활동하고 프리랜서 마케터로도 일하면서, 많은 브랜드의 인스타그램을 브랜딩했다. 그러면서 자연히 상품의 소구점을 단박에 파악해 콘텐츠를 제작하고, 사고 싶은 상품으로 만드는 일을 누구보다 잘하게 됐다. ‘덮밥장사장’, ‘까치식당’, ‘뷰티브랜드 큐리랩’, ‘나라셀라’, ‘컬쳐랜드’, ‘시매쓰’ 등 다양한 카테고리의 많은 브랜드를 인스타그램 콘텐츠로 브랜딩하는 데에 성공했다. 라이브로 내가 판매하는 상품을 어필하는 것과 인스타그램에서 ‘나’라는 사람 또는 내가 만든 ‘브랜드’를 어필하는 것은 본질적으로 같다. 10장의 카드뉴스 이미지나 영상, 릴스, 스토리 등을 통해 어떤 채널보다 빠르게 내 타깃에게 접근할 수 있고, 유사한 정보를 원하는 사용자 또한 해시태그를 통해 내게 빠르게 접근할 수 있다. '인스턴트 카메라'와 '텔레그램'의 합성어로 만들어진 '인스타그램'이라는 이름이 이보다 적절할 수 없었다. 인스타그램을 많이 연구하다 보니 콘텐츠 크리에이터에게도, 정보를 접하는 유저에게도 실시간으로 소통할 수 있는 채널은 단연 인스타그램일 수밖에 없다는 생각이 들었다.

여기서는 내가 인스타그램 브랜딩을 맡아서 마케팅했던 브랜드 몇 가지를 예로 들어, 실시간 소통이 브랜딩에 어떤 영향을 미치는지 더 쉽게 설명하려 한다.

덮밥장사장

덮밥장사장이라는 브랜드는 공식 인스타그램이 아예 없는 상태에서 영업과 제안을 해, 공식계정을 만들고 운영하게 된 경우다. 당시 이 브랜드는 20개 정도의 적은 가맹점을 유지하고 있는 중소기업이었는데, 인스타그램으로 공식 계정을 운영하면서 가맹점이 폭발적으로 늘어나, 현재는 덮밥의 대표 브랜드로 자리를 잡아가고 있다.

까치식당

까치식당은 경기 남부에 있는 식당 브랜드로, 먼저 타깃층에게

'까치식당'이라는 브랜드 인식을 심어주는 것이 급선무였다. 그래서 까치식당을 브랜딩할 때는 '가맹점 모집'에 중점을 맞추기보다는 '까치식당'이라는 브랜드를 먼저 알리는 것이 중요했다. 퓨전한식 식당이며, 주점이라는 컨셉이 분명한 브랜드였기에 금방 경기 남부 지역의 타깃층에게 이름을 알릴 수 있었고, 현재는 점심시간에 줄서서 기다려야 하는 지역 맛집이 됐다.

큐리랩

큐리랩은 '인체줄기세포 배양액'이라는 특별한 원료로 만들어진 프리미엄 화장품 브랜드다. 이 브랜드는 소수의 마니아층이 열광하고 있었고, 알음알음 입소문이 나고 있는 브랜드였다. 큐리랩의 계정은 '스킨 & 뷰티' 분야의 유용한 정보와 꿀팁을 콘텐츠로 만들어, 교묘하게 큐리랩을 홍보하는 방향으로 브랜딩을 했다. 다루는 콘텐츠의 범주를 '광고'가 아닌 '유용한 정보'의 성격으로 진행시키자, 뷰티에 관심 있는 여성들은 물론 남성들까지 팔로워로 유입됐고, 화장품 브랜드로 입지를 다지는 데 큰 몫을 하게 만들었다.

이렇게 라이브 커머스 셀러로 시작하려는 사람들은 나만의 인스타그램 계정을 토대로 팬덤을 만들거나, 고객과 실시간으로 소통하며 인지도를 높여가야 한다. 나라는 사람을 하나의 브랜드로 만들어 실시간으로 소통하며 홍보해야 하는 것이다.

하지만 더 중요한 것이 하나 있다. 인스타그램에서 나를 알리기 위해서는 무엇보다 나의 전문 분야가 확고해야 하고, 그 컨셉을 지속적으로 유지해야 한다. '운동하는 여자', '강아지 제리의 언니', '6살 아들 육아맘', '화장품 덕후 뷰티 인플루언서', '독서와 자기계발 하는 이웃삼촌'처럼 하나의 일관된 메시지를 꾸준히 전달해야 진정한 퍼스널 브랜딩의 효과를 볼 수 있다.

라이브 커머스와
TV홈쇼핑의 차이

TV홈쇼핑과 라이브 커머스는 상품을 판매하는 데 집중한다는 공통점이 있다. 그러나 각각의 플랫폼은 독특한 특성과 역사를 가지고 있으며 상당한 차이점이 있다. TV홈쇼핑은 1990년대에 시작되어 현재까지 꾸준한 인기를 누리고 있다. 이러한 방송은 텔레비전을 통해 상품을 판매하고, 주로 특정 시간대에 프로그램을 방영해 시청자들에게 상품을 소개하고, 구매를 유도한다는 특징이 있다. TV홈쇼핑 초기에는 주로 전화 주문을 통해 상품을 판매했고, 양방향이 아닌 일방향으로 소통하며 방송을 진행해 상품을 소개하고 설명했다. 이러한 방식은 시청자들이 화면을 통해 실제로 상품을 보고, 판매자의 설명에 의지해 구매 결정을 내릴 수 있도록 돕는다. TV홈쇼핑은 또한 제한된 시간 내에 특별한 할인가나 혜택을 제공하며 시청자들을 유인하고는 했다.

한국에서 TV홈쇼핑이 생겨나게 된 역사적 배경은 1990년대 초기로 거슬러 올라간다. 이 시기 한국은 고도의 경제성장과 함께 소비문화가 활발해지면서, 신속하고 편리한 쇼핑 방법에 대한 수요가 높아지고 있었다. 1995년, 한국 최초의 TV홈쇼핑 채널인 'GS홈쇼핑'이 출범하면서 TV홈쇼핑 산업이 한국에 처음 소개됐다. GS홈쇼핑은 쇼핑몰과 특정 상품을 방영하면서, 전화 주문을 통해 상품을 판매하는 형태였다. 이후 다른 기업들도 이에 참여해, TV홈쇼핑 시장이 점차 성장하기 시작했다.

한국의 홈쇼핑 산업은 그 이후 지속적인 성장을 거듭했고, 자연스럽게 다양한 채널과 프로그램이 나타났다. 채널 개수의 증가와 함께 다양한 분야의 상품이 소개되고, 이에 따라 소비자들의 선택 폭도 확대됐다. 특히 2000년대 이후로는 인터넷과 통신 기술의 발전에 따라 TV를 통한 주문뿐만 아니라, 온라인 쇼핑몰과의 연동, 모바일 앱을 통한 주문 등 다양한 구매 경로가 제공되면서 시장이 더욱 확장됐다. 이러한 역사적 배경을 통해 한국의 TV홈쇼핑 산업은 소비자들에게 편리하고, 다양한 상품을 제공하는 동시에 소매업체들에게도 새로운 판매 채널을 제공하며 성장했다. 이는 한국의 소비문화와 함께 발전해온 TV홈쇼핑 산업의 중요한 부분이다.

반면, 라이브 커머스는 최근 몇 년간 디지털 플랫폼의 발전과 함께 급부상했다. 라이브 커머스는 온라인 플랫폼을 통해 상품을 소개하고 판매하는 방식으로, 주로 소셜 미디어나 전자상거래 플랫폼을 활용한다. 라이브 커머스의 핵심은 실시간으로 상품을 소개하고 구매 과정을 진행하는 것인데, 이는 TV홈쇼핑과 비슷하지만 디지털과 모바일 플랫폼을 기반으로 한다는 점에서 차별화된다. 또한 라이브 커머스는 주로 플랫폼 내에서의 채팅이나 댓글을 통한 상호작용을 강조해, 양방향으로 소통하며 방송을 진행한다. 시청자들이 보다 쉽게 상품에 대한 질문을 하고 응답을 받을 수 있도록 하는 것이다. 이러한 방식은 소셜 미디어의 활발한 소통 환경을 활용해, 상품을 홍보하고 판매하는 데 큰 장점이 되고 있다.

라이브 커머스가 급부상한 주요 원인 중 하나는 디지털 기술의 발전과 소셜 미디어의 보급이다. 스마트폰과 인터넷의 보급으로 사람들은 언제, 어디서나 온라인에 접속해 상품을 살펴보고 구매할 수 있게 됐다. 또한 소셜 미디어 플랫폼에서의 라이브 스트리밍 기술이 발전함에 따라, 라이브 커머스로 보다 생생하고 현실적인 쇼핑을 경험할 수 있게 됐다. 또한 라이브 커머스는 소셜 미디어의 활발한 상호작용과 실시간 소통을 바탕으로 시청자들에게 적극적인 구매를 유도하는 데에 초점을 둔다.

향후 TV홈쇼핑과 라이브 커머스 시장의 전망은 어떨까? TV홈쇼핑은 여전히 일부 소비자들에게 인기가 있을 것으로 예상된다. 특히 고령층이나 텔레비전을 선호하는 소비자들은 여전히 TV홈쇼핑을 통해 상품을 구매하는 경향이 있다. 또한 TV홈쇼핑은 신뢰성 있는 브랜드니 상품을 소개하는 데 강점을 가지고 있으며, 이러한 요소들은 일부 소비자들에게 여전히 매력적일 것이다. 그러나 인터넷과 모바일 기기의 보급으로 인해 TV홈쇼핑의 성장세는 둔화될 가능성도 있다.

반면 라이브 커머스는 디지털 기술의 발전과 소셜 미디어의 보급으로 인해 더욱 성장할 것으로 예상된다. 특히 젊은 세대를 중심으로 라이브 스트리밍을 통한 쇼핑 경험에 대한 수요가 높아지고 있다. 라이브 커머스는 실시간으로 상품을 소개하고 구매 과정을 진행하는 것으로, 소비자들에게 더욱 생생하고 현실적인 쇼핑 경험을 제공할 수 있다. 또한 라이브 커머스는 소셜 미디어의 활발한 커뮤니케이션 환경을 활용해 상품을 홍보하고 구매를 유도하는 데 큰 장점을 가지고 있다. 따라서 라이브 커머스는 향후 더욱 성장할 것으로 예상된다.

　종합적으로 보면, TV홈쇼핑은 일부 소비자들에게 여전히 인기가 있을 것으로 보이지만, 라이브 커머스의 비중은 더욱 높아질 것으로 보인다. 디지털 기술의 발전과 소셜 미디어의 보급으로 인해 소비자들은 보다 편리하고 혁신적인 쇼핑 경험을 원하고 있으며, 라이브 커머스가 이러한 수요에 부응할 수 있는 형태로 더욱 발전할 것으로 예상한다.

소통으로 나만의
팬덤을 만들어라

내가 좋아하는 브랜드 중 '오롤리데이'라는 브랜드가 있다. 부담 없이 들고 다닐 수 있는 에코백을 시작으로, 타깃층이 좋아할 만한 제품들을 연달아 출시하면서 '팬덤' 형성으로 유명해진 디자인 브랜드다. 이 브랜드는 '못난이'라는 주인공 캐릭터로 시작해, 이 캐릭터를 좋아하고 사랑해주는 팬덤층을 '해피어(Happier)'라는 애칭으로 부르며 디자인 브랜드로서 입지를 굳건히 다지고 있다. 캐릭터 정체성으로 많은 팬들이 생겨났고, 나아가 그들을 브랜드나 제품에 대한 충성도가 높은 고객 집단으로 만든 대표적인 예라고 할 수 있다.

이처럼 브랜드의 팬덤뿐만 아니라, 라이브 커머스를 통해 '나'라는 사람에 관한 팬덤을 만들 수도 있다. 그 비밀의 키워드는 '소통'

에 있다. 이는 소셜 플랫폼의 댓글창이 실시간으로 고객과 판매자가 소통할 수 있는 구조이기 때문에 가능한 것이다. 뿐만 아니라 개인 SNS를 통해 내가 방송하는 분야의 카테고리 상품에 관심이 있는 사용자를 팬으로 만들 수도 있다. 나를 진심으로 좋아하고 따르는 팬 1,000명만 있으면 된다.

"안녕하세요. 여러분의 즐겁고 현명한 소비를 도와주는 옆집언니 김주아입니다. 인스타그램에서 '#옆집언니김주아'를 검색하시면 저와 직접적으로 소통할 수 있으니 많이 팔로우 해주세요."

"저와 함께했던 1시간의 쇼핑, 어떠셨나요? 인스타그램에서 '#소비요정김주아'를 검색하시면, 저와 소통할 수 있는 개인 계정을 찾으실 수 있습니다. 팔로우 해주시고, 제가 보여드리는 신상품 정보 및 사용 꿀팁들 많이 받아 가시길 바라요."

이런 식으로 방송 도입 혹은 말미에 막간을 이용해 본인 PR을 하는 것도 좋다. 이렇게 유입된 팬덤에게 실시간으로 궁금한 점을 해소해주고, 쇼핑정보 및 제품 추천을 해주면서 신뢰도를 쌓아나가면 '진성 팬 1,000명 만들기'는 시간문제일 것이다.

앞서서는 실시간 PR의 중요성을 강조했다. 그렇다면 실시간으로 팬덤을 모으고 '콘텐츠'만 만들어서 업로드하면, 나의 브랜딩은 끝일까? 결코 그렇지 않다. 댓글과 공감, 좋아요 등으로 또다시 '소통'을 해야 한다. 하지만 아무에게나 막무가내로 소통하는 것은 사막에서 바늘 찾기라 할 수 있을 정도로 무의미한 일이다. 내 분야에 맞는 사용자들을 찾아다녀야 한다. 먼저 본인을 가장 잘 나타낼 수 있는 페르소나, 즉 부캐를 만들어 보자. 예를 들어, '분당에서 필라테스 1인 숍을 운영하는 원장'이라는 컨셉을 가지고 레깅스나 운동용품을 판매한다고 가정해보겠다. 그럼 여기서 내가 찾아가야 하는 타깃층은 누구일까? '#운동', '#다이어트', '#필라테스', '#분당직장인', '#분당맘' 등의 해시태그를 찾아다니면서 소통을 해야 할 것이다. 여타 키워드의 해시태그 못지않게 중요한 것은 지역 태그다. 그 동네 주변에 있는 사용자가 실제 고객이 될 확률이 높기 때문이다.

요즘에는 라이브 커머스 시장이 커짐에 따라 연예인이나 개그맨이 방송에서 상품을 판매하는 일이 잦아졌지만, 연예인이라는 벽 때문에 고객들은 오히려 일반 셀러, 즉 쇼호스트에게 더 친근감을 느끼고는 한다. 라이브 커머스 쇼호스트는 옆집언니 같은 친근함과 전문성을 바탕으로 자세히 설명해주는 친절함을 가지고, 고객에게 어필할 수도 있다. 거기에 SNS로도 소통하는 인플루언서가 된다면 고객 충성도는 두 배, 아니 세 배로 높아질 것이다. 그렇기 때문에 '팬덤'이라는 것은 나의 쇼호스트 라이프에 가장 중요한 핵심 요소라는 생각을 가지고, 소통에 정성을 다했으면 한다.

　누구나 오프라인 매장에 가서 옷이나 신발을 구경할 때 옆에 바짝 붙어 이것저것 권하는 판매 직원이 부담스러웠던 경험이 있을 것이다. 하지만 라이브 쇼핑은 그런 부담감 없이 내가 궁금한 것을 자유롭게 질문할 수 있고, 요구할 수 있다는 데에 큰 장점이 있다. 그렇기 때문에 라이브 커머스는 앞으로 MZ세대에게 있어 하나의 큰 문화로 공고히 자리 잡는 쇼핑 방식이 될 것이다.

이제는 CRM이 아니라 CVM이다

CRM(고객 관계 관리, Customer Relationship Management)과 CVM(고객 가치 관리, Customer Value Management)은 모두 고객을 중심으로 하는 마케팅 전략이지만, 각각은 조금 다른 접근 방식을 취한다.

CRM(고객 관계 관리)

CRM은 기업이 고객과의 관계를 관리하고 최적화하기 위한 전략이다. CRM은 고객과의 상호작용을 추적하고 분석해 고객의 기본 정보를 파악하고, 이를 활용해 개별 고객에게 맞춤화된 서비스를 제공하는 과정을 의미한다. CRM은 고객의 상세한 프로파일과 이력을 관리하고, 이를 기반으로 고객과의 관계를 유지하고 향상시키는 것에 중점을 둔다. 예를 들면, 고객의 구매 이력, 선호도, 행동 패턴 등을 추적하고 이를 활용해 개별적인 마케팅 전략을 수립하거나, 개별 고객에게 맞춤화된 서비스를 제공하는 등의 활동이 CRM에 해당한다.

CVM(고객 가치 관리)

CVM은 고객의 가치를 파악하고 최적화하기 위한 전략이다. CVM은 기업이 고객을 단순히 매출을 만들어내는 주체로 보는 것이 아니라, 고객이 기업에 얼마만큼의 가치를 창출하는지를 중심으로 고객을 관리하고자 하는 것이 포인트다. CVM은 고객의 가치를 정량적으로 평가하고, 이를 기반으로 고객의 수익성을 최적화하는 데 초점을 둔다. 예를 들면, 기업이 수익성이 높은 고객을 식별하고, 이를 토대로 마케팅, 서비스, 할인 등의 전략을 수립해 고객의 가치를 최대화하는 과정이 이에 해당한다.

요약하면, CRM은 고객과의 관계를 중시하고 관리하는 것에 초점을 두는 반면, CVM은 고객의 가치를 중시하고 관리하는 것에 중점을 둔다. 두 전략은 모두 고객 중심의 마케팅을 추구하지만, 각각의 접근 방식과 목표가 다르다.

여기서는 아마존의 프라임 회원 프로그램 사례를 통해 CVM으로 충성고객을 만든 경우를 분석해보려 한다.

1. 다양한 혜택 제공 : 아마존 프라임 회원은 빠른 배송, 독점적인 할인 혜택, 프라임 비디오, 음악 스트리밍 서비스 등 다양한 혜택을 받을 수 있다. 이러한 혜택은 회원들의 구매 경험을 향상시키고, 아마존을 더 많이 이용하도록 유도한다.

2. 고객 경험의 지속적인 향상 : 아마존은 프라임 회원들에게 지속적으로 새로운 혜택을 추가하고 기존 혜택을 개선하며 고객 경험을 향상시킨다. 이는 회원들이 프라임 회원으로 남아 있는 동안 지속적으로 가치를 누리게 해, 고객 충성도를 높이는 데 기여하고 있다.

3. 데이터 분석을 통한 맞춤형 서비스 제공 : 아마존은 회원들의 구매 이력과 행동 패턴을 분석해, 맞춤형 추천 및 할인 혜택을 제공한다. 이는 회원들의 선호도와 관심사에 맞는 상품을 제공해 고객 만족도를 높이고, 아마존을 더 많이 이용하도록 유도한다.

4. 고객 의견 수렴 및 지속적 개선 : 아마존은 프라임 회원들의 피드백을 수렴하고, 이를 통해 서비스를 지속적으로 개선한다. 이는 회원들이 아마존을 더욱 선호하게 만들고, 충성고객으로 남는 데에 중요한 역할을 한다.

이러한 운영을 통해 아마존은 고객들의 가치를 관리하고, 이를 통해 충성고객을 유치하고 유지하는 데 성공한 사례로 꼽힌다. 이를 보면 CRM보다 CVM이 고객과 기업 간 거리를 좁히는 데에 유용한 것으로 느껴질 것이다.

라이브 커머스를 하는 쇼호스트라면 기업이 아니더라도 CVM에 힘써야 한다. 쇼호스트는 라이브 커머스 방송을 통해 상품을 소개하고 고객들과 상호작용하는 주요 인물이기 때문에, CVM을 이용하면 고객과의 관계를 강화하고 매출을 증대시킬 수 있다. 이는 상호작용을 하며 고객과의 시너지를 내야 하는 라이브 커머스의 성격과 일맥상통한다. 그렇기 때문에 많은 쇼호스트들이 '텐션'을 올려서, 고객이 한층 더 친근함을 느끼도록 판매활동을 하는 것이다. 친근하지만 방정맞지 않게, 활기차지만 저렴해 보이지 않게 판매를 해야 한다는 것이 가장 큰 숙제일지도 모른다. 하지만 항상 우리는 고객의 작은 질문이나 목소리에 성실히 대응해 만족감을 주는 것부터, 고객 CVM이 시작된다는 것을 잊어서는 안 된다.

보기 좋은 떡이
먹기도 좋다

완성도 높은 라이브 커머스 방송을 만들려면 어떻게 해야 할까? 라이브 커머스 방송에는 크게 2가지 방법이 있다. 첫 번째는 집에서 셀프 스튜디오를 만들어서 진행하는 것, 두 번째는 전문 방송 스튜디오에서 예쁘게 세팅 되어 있는 디스플레이와 조명 아래서, 퀄리티 높은 방송을 진행하는 것이다.

첫 번째로 집에서 하는 방송은 조금 더 개인적이고, 자연스러운 느낌을 준다는 장점이 있다. 하지만 전문성과 완성도 측면에서는 상대적으로 부족할 수 있다. 그러나 개성이 뚜렷하고 가정적인 느낌을 주며, 직접적인 소통을 나누는 것이 조금 더 수월하다는 장점이 있다.

두 번째로 전문 스튜디오에서 전문가와 함께 진행하는 방송은 배경이나 조명에 크게 신경을 쓸 일이 없지만, 조금 경직되고 어려운 분위기 속에서 방송을 진행해야 한다. 고급스러운 세트, 전문적인 조명 및 카메라 장비들이 사용되어 더욱 전문적이고 고품질의 방송을 할 수 있다. 따라서 고객들에게도 완성도 높은 방송을 전달할 수 있다. 완성도 면에서는 뛰어나지만 내가 가지고 있는 쇼호스트 역량을 더 프로페셔널하게 이끌어내 방송해야 한다는 점에서, 집에서 진행하는 방송과 차이점을 보인다.

집에서 하는 방송은 내가 스스로 스튜디오를 만들어야 하기 때문에 초보자 입장에서는 어려울 수 있다. 하지만 촬영 도구나 방송 장비, 조명 도구 등에 조금 신경을 쓴다면 확실히 차별성을 가질 수 있기 때문에, 신경 써서 홈스튜디오를 꾸며 보기를 권하고 싶다. 먼저 카메라는 보통 개인 스마트폰을 사용하기 때문에 품질 면에서 크게 차이가 없을 수 있다. 하지만 마이크, 조명, 짐벌, 배경지 등은 얼마든지 높은 품질의 제품을 갖출 수 있다. 기본적으로 스마트폰에 마이크가 탑재되어 있지만, 외부 마이크를 준비해 명료하고 깨끗한 소리를 시청자에게 제공할 것을 권하고 싶다. 요즘에는 블루투스 마이크처럼 무선으로 사용할 수 있는 마이크들이 많기 때문에, 쇼핑몰에서 조금만 찾아보면 저렴하고 상품성이 뛰어난 제품들을 만날 수 있다.

두 번째로 정말 중요한 것이 조명이다. 조명은 화면의 균일한 선명도와 색상을 제공함으로써 시청자로 하여금 눈의 피로도를 줄일 수 있게 한다. 그리고 이 화면은 시청자가 계속해서 보고 싶은 라이브 방송이 될지, 아닐지의 운명을 판가름한다. 집에서 방송을 할 때 송출되는 조명은 확실히 스튜디오의 조명보다 어둡기 때문에, 기본 3개 정도의 조명을 세팅하고 진행하는 것이 좋다. 또 집에서 이곳저곳을 넘나들며 움직이는 방송을 하게 된다면 스테디캠 또는 짐벌이 필수다. 이 장비들은 손 떨림을 최소화해, 보다 안정적인 방송을 송출할 수 있게 한다.

마지막으로 홈스튜디오의 완성도에 화룡점정을 찍는 요소는 바로 배경과 물건의 배치다. 보통 집에서 방송을 하게 되면 배경이나 소품은 직접 구매하고 만들 수밖에 없는데, 최근에는 1인 방송 크리에이터를 위한 방송 패키지를 다양하게 판매하고 있기도 하고, 쿠팡이나 네이버 쇼핑에서도 기상천외하고 무궁무진한 배경과 소품들을 볼 수 있다. 여기서 중요한 것은 상품이 더욱 돋보이게 화려한 컬러나 패턴이 그려진 배경은 지양하고, 깔끔하고 전문적인 분위기를 내주는 적절한 배경을 선택하는 것이다. 배경은 화면에서 보일 수 있는 가능성이 있기 때문에, 기존에 생각했던 것보다 넓게 펼쳐 꾸민다고 생각하는 것이 좋다.

이렇듯 집에서 하는 방송과 스튜디오에서 하는 방송은 각각의 매력과 개성이 뚜렷하다. 그러니 어느 한 쪽으로 치우치기보다 두 가지 방식 모두 활용해 방송을 진행하는 것을 추천한다. 홈스튜디오를 전문으로 하는 에이전시가 있는가 하면, 전문 스튜디오를 보유해 쇼호스트를 섭외하는 에이전시도 있기 때문에, 어느 한쪽이 더 뛰어나다거나 장점이 크다고 할 수는 없다. 일단 자신이 방송을 하기로 마음먹었다면 2가지 방식에 모두 적응이 되어 있어야 하고, 특히 홈스튜디오에서 진행할 때는 스튜디오 못지않은 퀄리티로 방송을 해 남들보다 더 돋보이게 나를 보여줘야 한다.

어떻게 소싱하고
어떻게 팔 것인가

라이브 커머스는 현대적인 비즈니스 환경에서 제품을 소싱(sourc-ing)하고 판매하는 데에 매우 효과적인 방법이다. 하지만 성공적인 라이브 커머스를 위해서는 어떤 제품을 소싱하고, 어떻게 제품을 판매할지를 잘 고민하고 계획하는 것이 필요하다. 이제 함께 그 과정을 알아보도록 하자.

먼저, 소싱은 제품을 어디서 가져올지를 결정하는 과정으로, 제품의 품질과 다양성, 가격 등을 고려해 적절한 제품을 선택하는 것이 중요하다. 이를 위해 다음과 같은 방법을 고려할 수 있다.

첫 번째는 제조사와 직접 협력하는 방법이다. 제조사와 직접 협력함으로써 원가를 절감하고, 제품의 품질과 디자인을 직접 관리할 수 있다는 장점이 있다. 또한, 제조사와의 직접 협력을 통하면 독점적인 제품을 확보할 수도 있어 경쟁력을 높일 수 있다. 두 번째는 도매업체나 유통업체를 통해 제품을 구매하는 것이다. 업체를 통해 대량으로 제품을 구매하면 원가를 절감할 수 있으며, 다양한 제품을 한꺼번에 구매할 수 있는 장점이 있다. 또한, 도매업체나 유통업체를 통하면 유행에 따른 다양한 제품을 신속하게 구매할 수 있는 장점도 있다. 마지막으로는 온라인 시장을 활용하는 것이다. 온라인 시장에서는 다양한 판매자들이 제품을 판매하고 있으며, 이를 통해 다양한 제품을 저렴한 가격에 구매할 수 있는 장점이 있다. 또한 온라인 시장에서는 리뷰나 평점을 통해 제품의 품질을 사전에 확인할 수 있다.

이와 같은 방법을 통해 적절한 제품을 소싱한 후에는 제품을 어떻게 팔 것인가를 고민해야 한다. 제품을 판매하는 과정은 라이브 커머스의 핵심 요소 중 하나로, 고객들에게 제품을 효과적으로 전달하고 판매하는 것은 무엇보다 중요하다. 이를 위해 우리는 다음과 같은 방법을 고려할 수 있다.

첫 번째는 효과적인 마케팅을 활용하는 것이다. 마케팅은 제품을 고객들에게 홍보하고 판매하는 과정에서 중요한 요소다. 특히 라이브 커머스에서는 영상 콘텐츠를 통해 제품을 홍보하고 고객들의 관심을 끌어야 한다. 따라서 영상 콘텐츠 내에서 할 수 있는 효과적인 마케팅 전략을 고려해내는 것이 고객의 관심과 효과적인 제품 판매에 큰 영향을 미칠 수밖에 없다.

두 번째는 고객들과의 상호작용 강화다. 라이브 커머스에서는 고객들과의 상호작용이 매우 중요하다. 고객들과의 상호작용을 통해 제품에 대한 궁금증을 해결하고, 고객의 의견을 수렴하고 반영할 수 있는 방법을 고민해야 한다. 이를 통하면 고객들의 만족도를 높이고, 재구매율을 올릴 수 있다.

세 번째는 온라인 플랫폼의 효과적 활용이다. 라이브 커머스에서는 다양한 온라인 플랫폼을 통해 제품을 판매할 수 있다. 따라서 다양한 온라인 플랫폼을 어떤 기준으로 선택하고 구성해 운영할지 고민해보며, 가장 효과적인 플랫폼 운영을 해나가야 한다. 이를 성공한다면 호스트는 보다 다양한 고객층에게 제품을 노출시키고, 판매할 수 있다.

마지막은 고객들의 피드백을 적극적으로 수렴하고 이를 바탕으로 제품을 개선하는 것이다. 제품을 판매할 때는 고객들의 의견이나 요구사항을 듣고, 이를 반영해 제품을 지속적으로 개선해야 한다. 고객과 상호작용할 수 있다는 이점을 활용해, 그들의 요구사항을 더 적극적으로 충족시키면 제품의 매력도를 더욱 올릴 수 있다.

　요약하자면, 제품을 소싱하고 효과적으로 판매하는 것은 라이브 커머스의 성공적인 운영에 필수적인 요소다. 이를 위해 소비자의 니즈를 파악하고, 제품을 신중하게 선택하는 것이 중요하며, 라이브 방송과 다양한 채널을 통해 제품을 홍보하고, 고객들의 구매 욕구를 자극하는 것이 필요하다. 또한, 고객들의 피드백을 적극적으로 수렴하고, 이를 바탕으로 제품을 개선함을 통해 우리는 라이브 커머스에서 제품을 성공적으로 판매할 수 있다.

언택트 시대,
접속 말고 접촉하라

현대 사회는 디지털 기술의 발전으로 인해 언택트(Un+contact, 비대면) 시대가 도래했다. 특히 최근 코로나로 인해 비대면 서비스는 더욱 중요해졌는데, 이는 라이브 커머스와 같은 온라인 플랫폼이 더욱 주목받게 된 이유 중 하나이기도 하다. 그러나 이런 언택트 시대에서도 고객과의 접촉이 사라지는 것은 아니다. 오히려, 디지털 기술을 활용해 고객과 보다 적극적으로 접촉하는 것이 중요해졌다. 따라서 여기서는 언택트 시대에 고객과 접촉하는 다양한 방법을 알아보고자 한다.

첫 번째로, 개인화된 서비스를 제공하라. 언택트 시대에는 고객들이 오프라인에서 직접 상호작용하는 것보다 디지털 플랫폼을 통해 제품이나 서비스를 이용하는 경우가 많아졌다. 따라서 라이브 커머스나 온라인 상담으로 고객들에게 개인화된 서비스를 제공하는 것이 중요하다. 지금까지 쌓인 고객들의 취향이나 관심사 데이터를 파악하고, 그에 맞는 상품이나 서비스를 제공함으로써 우리는 고객들과 보다 적극적으로 접촉할 수 있다. 이렇게 개인화된 서비스는 고객들이 당신의 브랜드를 기억하고 추천할 확률을 높이는 데에 도움이 된다.

두 번째로, 소셜 미디어를 효과적으로 활용하라. 소셜 미디어는 현대 사회에서 매우 중요한 커뮤니케이션 도구로 자리매김했다. 특히 라이브 커머스와 같은 온라인 플랫폼과 함께 소셜 미디어를 활용하면 고객들과의 소통 효과는 배가 될 수 있다. 소셜 미디어를 통해 제품이나 서비스를 홍보하고, 고객들과의 상호작용을 유도함으로써 라이브 커머스 쇼호스트에 대한 친밀도를 올릴 수도 있다. 또한, 높아진 고객과의 친밀감을 통해 고객들의 의견이나 요구사항을 적극적으로 수렴해 이에 대한 피드백을 제공한다면, 고객과의 신뢰는 더욱 단단해질 것이다.

세 번째로, 실시간 커뮤니케이션을 통해 고객과의 접촉을 강화하는 것이 중요하다. 라이브 커머스를 통해 실시간으로 상품을 소개하고 판매하는 과정에서 고객들과의 실시간 커뮤니케이션을 활용할 수 있다. 고객들의 질문이나 요구사항에 실시간으로 대응하고, 그들의 의견이나 요구사항을 듣고 적극적으로 반영하는 것이 중요하다. 이를 통해 고객들은 당신의 브랜드와 보다 강한 연결을 형성하게 되며, 그 결과로 그들이 당신의 제품이나 서비스를 기억하고 추천할 확률을 높일 수 있다.

네 번째로, 오프라인 이벤트나 활동을 통해 고객과의 실제 접촉을 강화하는 것이 중요하다. 비록 언택트 시대에는 온라인 플랫폼을 통해 고객들과 상호작용하는 것이 주된 방법이라고 하더라도, 오프라인 이벤트나 활동을 통해 고객들과의 접촉을 강화하는 것 역시 여전히 효과적인 방법이다. 예를 들어, 제품 발표회나 팝업 스토어를 통해 고객들과 직접 만나고 대화를 나누는 것이 있을 수 있다. 이와 같은 활동을 통해 고객들은 당신의 브랜드와 직접적인 관계를 형성하게 되며, 그 결과로 그들이 당신의 제품이나 서비스를 현실에서 기억하고 추천할 확률이 높아질 수 있다.

언택트 시대에 고객과 접촉하는 것은 단순히 디지털 기술을 활용해 고객들과의 상호작용을 증가시키는 것 이상의 의미를 가진다. 이는 고객들과 강한 연결을 형성하고, 그들이 당신의 브랜드를 기억하고 추천할 확률을 높이는 데에 도움이 된다. 따라서 언택트 시대에 개인화 되고 고립된 관계에 집중하기보다는 계속해서 고객과의 접촉을 강화해, 당신의 브랜드가 성공적으로 고객의 머릿속에 자리 잡을 수 있도록 노력해야 한다.

3장

라이브 커머스,
이렇게 시작하라

고객에게 오랫동안 기억되는
설득의 기술

라이브 커머스의 쇼호스트가 고객에게 성공적인 설득의 기술을 발휘하면, 고객은 단순히 상품을 구매하는 것 이상의 경험을 하고 이를 오랫동안 기억하게 된다. 여기서 설득의 기술이란 단순히 상품을 판매하는 것을 넘어, 고객들의 심리적인 요소를 고려해 그들의 관심을 끌어 구매로 이끄는 것을 의미한다. 고객들의 마음을 사로잡고 브랜드와의 긍정적인 연관성을 형성하기 위해서는, 다양한 설득 전략과 기술을 활용해야 한다. 다음은 나의 경험과 노하우를 담아 정리한 설득의 기술이다.

첫 번째는 감정을 이용한 설득이다. 이는 고객들에게 오랫동안 기억될 수 있는 효과적인 전략 중 하나로, 감정은 인간의 행동을 크게 좌우하는 요소이며, 강력한 감정은 고객들의 기억에 오래 남게 된다. 라이브 커머스에서는 감정을 이용한 설득을 위해 다양한 방법을 활용할 수 있다. 예를 들어, 감동적인 이야기나 감정을 자극하는 이미지를 사용해 상품을 소개하고 판매하는 것이 가능하다. 또한, 상품을 사용한 후기나 경험담을 공유하면서, 고객들의 감정을 자극하고 그들의 관심을 끌 수 있다.

두 번째는 사회적 입증을 활용한 설득이다. 여기서 사회적 입증을 활용한 설득이란 다른 사람들의 행동이나 의견에 설득되어, 결정을 내리는 것을 의미한다. 사람들은 다른 사람들의 행동을 따라 하는 경향이 있다. 예를 들어, 상품의 후기나 리뷰에서 다른 사람들의 긍정적인 경험을 접한 사람들은 이것이 입증된 물건이라고 생각해 구매 동기를 가지게 된다. 또한, 유명 인플루언서나 전문가의 추천을 통해 상품을 소개하고 판매하는 것도 이와 같은 기능을 한다.

세 번째는 가치 제안을 강조하는 설득이다. 여기서 가치 제안은 고객들에게 제품이나 서비스를 구매함으로써 얻을 수 있는 혜택이나 가치를 강조하는 것을 의미하며, 그랬을 때 고객은 자연스럽게 그 제품의 구매를 결정하게 된다. 라이브 커머스에서 예를 들면, 상품의 특징이나 장점을 강조하면서, 고객들에게 제품을 구매함으로

써 얻을 수 있는 혜택을 강조하는 것이 이에 해당된다. 또한, 특별한 할인 혜택이나 이벤트를 제공해 고객들에게 추가적인 가치를 제공하는 것도 가치 제안의 설득이다.

네 번째는 신뢰성을 강조하는 설득이다. 신뢰는 소비자들의 구매 결정에 큰 영향을 미치는 요소 중 하나로, 고객들은 신뢰할 수 있는 브랜드의 제품에 관심이 높다. 따라서 라이브 커머스에서도 브랜드의 신뢰싱이니 품질을 강조하면서 고객들에게 공정하고 투명한 정보를 제공하고, 고객들의 질문이나 우려에 성실하게 대응해야 한다. 이전 고객들의 성공적인 경험을 공유하고, 그들의 추천이나 평가를 사용해 신뢰를 구축하는 것도 좋은 방법이다. 고객들이 당신의 브랜드에 대해 믿음을 가지게 되면, 그들은 더 많은 관심을 가지고 당신의 제품이나 서비스에 충성하고, 결국에는 구매 결정을 내릴 것이다.

마지막이자 가장 기본적인 설득은 고객들에게 가치 있는 경험을 제공하는 것이다. 라이브 커머스로 제품을 소개하고 판매하는 것뿐만 아니라, 고객들에게 가치 있는 경험을 제공해야 한다. 예를 들어, 고객들에게 특별한 혜택이나 할인을 제공하거나, 흥미로운 이벤트나 콘텐츠를 제공하면, 우리는 그들에게 가치 있는 경험을 제공하게 된다. 이러한 경험으로 고객들은 당신의 브랜드를 더욱 긍정적으로 기억하게 되며, 그 결과로 그들이 당신의 제품이나 서비스를 추천하고 재구매할 가능성이 높아진다.

이처럼 고객에게 오랫동안 기억되는 설득의 기술은 라이브 커머스에서도 중요하게 작용한다. 우리는 이 기술을 적절히 사용해 고객과 감정적인 연결을 형성하고, 신뢰를 구축하고, 지속적인 상호작용을 유지하고, 고객에게 가치 있는 경험을 제공해 판매를 이루어내고, 긍정적인 관계를 형성할 수 있다. 이러한 방법으로 고객들은 당신의 브랜드를 기억하고 추천하며, 결과적으로 당신의 제품과 서비스를 구매하게 될 것이다.

잘 파는 셀러에게는
이유가 있다

가끔 TV홈쇼핑을 볼 때면, '우아, 저 쇼호스트는 어쩜 저렇게 말을 잘하지?' 하는 느낌을 받을 때가 있다. 심지어는 그런 생각을 할 틈도 없이 빨려 들어 물건을 구매하는 경우도 셀 수 없이 많다. 말을 잘하기 위해서는 선행되어야 할 2가지 전략이 있다. 바로 '독서'와 '영상 공부'다. 이 2가지 무기를 잘 섞어서 사용하면 고객들은 어느 순간, 내가 판매하는 제품을 구매하고 있을 것이다.

셀러로서 판매를 잘하기 위해서는 먼저 공부를 해야 한다. 이때 공부란, 내가 하고자 하는 분야에 대한 독서를 말한다. 지금 당장 서점으로 달려가라. 도서 검색대에서 '라이브 커머스'라는 키워드를 검색하고 나오는 책을 모두 사라. 현재는 라이브 커머스 관련한 책이 그렇게 많지 않고, 모두 한 번쯤 볼 만한 내용들이 들어 있다.

책을 구매했으면 책상 앞에 앉아서 형광펜과 3색 볼펜을 준비한다. 그리고 '사례 찾기'에 들어가라. 라이브 커머스 관련한 책뿐만이 아니라 어떤 책을 읽어도 동일한 독서법이 적용된다. 저자가 라이브 커머스에 대한 책을 썼더라도 본인의 생각만을 넣어 책을 쓰기에는 한계가 있다. 책 내용에서 최대한 객관적인 내용, 즉 '사례'를 찾아 형광펜으로 표시하라. 그 후에 3색 볼펜으로 책에 직접 필기를 한다. 내 생각, 저자의 생각, 관련 사례 등을 색상별로 구분해 필기하는 것이다. 이렇게 해서 단 10권만 독파해라. 그러면 내 방식으로 각색해서 사용할 수 있는 요소들이 금세 모일 것이다.

'라이브 커머스'에 관련한 책으로 시작했다면, 그다음 10권은 '마케팅' 분야에 관한 책, 세 번째는 '화법'에 관한 책으로 계속해서 범위를 확장해라. 단, 라이브 커머스 관련한 책을 모두 독파한 뒤에 다음 단계로 넘어가야 한다. 이렇게 하면 상품 판매를 하는 데에 확실한 도움을 받을 수 있다.

두 번째 전략은 바로 영상 공부다. 요즘은 영상의 시대다. 유튜브라는 플랫폼은 엄청나게 거대해졌다. 그리고 사람들은 궁금한 정보가 있으면 바로 유튜브에서 검색을 한다. 구독자의 입장에서, 영상은 굉장히 편리한 매체다. 하지만 영상은 편리한 반면에 시청자에게 스스로 생각할 틈을 주지 않는다는 단점이 있다. 영상이 다 끝나고 나면 "내가 뭘 본 거지?" 하고 중요한 내용이 기억에 안 남는 경우가 허다하다. 그러니 나는 종이책과 글로 먼저 공부를 하라고 권하고 싶다. 눈에도 무리가 가지 않고, 글을 통해 정리를 하고 나면 머릿속에 기억이 또렷이 남을 것이다.

그럼에도 영상은 말투나 화법에 관해 공부하기 좋기 때문에, 글을 공부한 후에 하면 효과가 좋다. 영상의 내용에 집중하기보다는 말하는 사람의 말투, 몸짓 등을 유심히 관찰해라. 이 작업은 따로 적을 필요 없이 유심히 관찰하는 집중력만 있으면 된다. 그래서 출퇴근 시간이나 틈나는 시간에 잠깐씩 유튜브를 시청하는 것이 좋다. 너무 많이 볼 필요도 없다. 쇼호스트 및 라이브 커머스 셀러의 일상 브이로그(V-log) 채널을 주로 찾아보라. 그리고 네이버에 '네이버 쇼핑 라이브'를 검색해 들어가면 지난 방송들이 나온다. 그중 조회수가 많은 영상 위주로 한번 살펴보라. 내가 관심 있었거나 말을 잘한다고 느꼈던 쇼호스트가 있다면, 그 쇼호스트의 이름을 검색란에 검색해라. 그리고 채널 주인공의 화법이나 말투를 연구하며 가볍게 볼 것을 권한다. 영상을 자세히 연구하려고 들면 끝없이 시간이 든다.

잘 파는 셀러에게는 언제나 이유가 있다. 그들은 항상 '유비무환'의 자세를 가진다. 방송은 준비한 만큼 그 질이 결정된다. 또 많이 반복할수록 완성도 높은 방송을 만들어낼 수 있다. 아무리 내로라하는 TV홈쇼핑의 쇼호스트일지라도, 방송 전에는 항상 긴장하고 최선을 다해 제품 공부와 방송 준비를 한다. 국민MC로 유명한 유재석 씨도 10년에 가까운 무명생활을 거쳤고, 그 시간 동안 꿈을 버리지 않고 꾸준히 끊임없이 노력했다. 그리고 그 덕분에 현재 국민MC라는 타이틀을 얻을 수 있게 된 것이다. '로마는 하루아침에 이루어지지 않았다'라는 말처럼 프로는 짧은 시간에 만들어지지 않는다는 것을 잊지 말자. 성공에 '노력'이라는 주재료는 필수다.

홈스튜디오
필수 준비물 3가지

앞선 장에서 나는 라이브 커머스를 하고자 하는 이들에게 '집'에서 방송하기를 권했다. 실제로도 내게 이런 질문을 던지는 사람들에게 나는 적극적으로 홈스튜디오로 시작하기를 권유했다. 일상 브이로그를 찍거나 유튜브를 찍는 목적이라면 다를 수 있지만, 라이브 커머스는 물건을 판매하는 방송이다. 그렇기 때문에 배경을 어떻게 꾸미는지도 굉장히 중요한데, 배경이 너무 휘황찬란하면 시선이 분산되어 매출에 걸림돌이 될 수 있다. 그래서 되도록이면 집에서 화이트 톤 배경에, 깔끔한 상품 배치를 하도록 권유한다. 이렇게 홈스튜디오에서 방송을 할 때, 다른 것은 몰라도 꼭 구비할 것을 권하는 방송 아이템이 3가지 있다. 첫 번째는 조명이고, 두 번째는 마이크, 세 번째는 이름표다.

첫 번째로 조명은 방송을 하는 데 있어서 필수품이다. 집에 있는 기본 조명으로 충분히 밝고 화사하게 나오겠지 하는 생각은 굉장히 위험하다. 나는 첫 방송에 조명을 2개 사용했는데, 업체에서 조명이 조금 어둡다는 피드백을 받았다. '이 정도면 밝겠지' 하는 정도도 방송이 송출되는 결과물에서는 참담할 수 있다. 조명을 기본 4개는 사용해야 화사한 결과물을 얻을 수 있다. 이때 조명 4개를 모두 직접적으로 쇼호스트를 향해 쏘면 눈이 부시다. 그럴 때는 조명 디퓨저를 활용해 눈부심을 최소화하고, 영상의 밝기는 톤 업 효과를 사용해 결과물에 집중하자. 조명으로 인해서 애써 준비했던 방송이 물거품이 될 수 있다. 항상 조명이 방송의 기본이자 화룡점정이라는 것을 명심해야 한다.

두 번째로 필수인 마이크는 나의 목소리를 보정해주는 역할이다. 경험담으로 말하건대, 나 또한 첫 방송에서는 너무 떨리고 긴장하는 바람에 스스로가 이불을 찰 정도로 민망하게 방송을 끝냈다. 하지만 나중에 다시 확인해보니, 마이크의 보정 효과가 그 민망함이 날것으로 시청자에게 전해지는 것을 조금이나마 완화시켜주는 역할을 했다. 작은 소리도 또박또박 매끄럽게 전달되도록 하는 것이 바로 마이크의 역할이기 때문에, 저렴한 마이크라도 꼭 별도로 구매해서 방송하는 것이 좋다. 특히 카메라와의 거리가 어느 정도일지 모르는 상태에서 세팅하려면, 유선 마이크보다는 블루투스가 되는 무선 마이크를 사용하라.

마지막으로 내가 방송하는 지인들에게 꼭 준비하라고 하는 것이 1가지 더 있다. 바로 '이름표'다. 낯선 사람과 만났을 때 가장 먼저 궁금한 것은 무엇일까? 바로, '이름'이다. 라이브 커머스 방송은 일방향 방송이 아니라, 상호작용하는 방송이기 때문에 고객에게 내 이름을 잘 보이게끔 해주는 것이 좋다. 가슴 위에 이름표를 클립으로 꼽고 방송을 하면, 고객으로 하여금 '쇼호스트'인 내가 아닌 '○○언니'라는 친밀감을 불러일으킬 수 있다. 단지 이름만 적혀 있는 이름표보다는, '옆집언니 김주아', 또는 '소비요정 김주아' 등 나의 닉네임을 함께 넣어서 재미 요소를 더하면 좋다. 인스타그램에서 다른 사용자가 사용하지 않을 법한, 나만이 쓰는 태그를 넣어 '쇼호스트 쥬쥬아', '조이맘 김주아'처럼 지어 보는 것도 좋은 아이디어다.

방송 막바지에는 나의 이름표를 가리키며 이렇게 말해보라.

"인스타그램에서 해시태그 '#조이맘김주아'를 검색해보세요. 저와 소통하실 수 있는 개인 계정을 찾으실 수 있습니다. 인스타그램에서도 저와 계속 소통하며 즐거운 쇼핑생활 이어가봐요."

이와 유사한 멘트를 해주면 막간의 자기 PR도 할 수 있어 일석이
조의 효과가 난다.

악플,
피할 수 없다면 즐겨라

악플(惡+reply)은 악성 댓글의 인터넷식 표현으로, 과거부터 현재까지 우리 사회에서 심각한 문제로 대두되는 현상이다. 이는 타인을 악의적으로 비하하기 위해 작성하는 댓글로, 이로 인해 많은 연예인이나 유튜버들이 세상을 등지는 안타까운 사건이 많았다. 이들에 대한 악플을 읽다 보면, 차마 눈 뜨고 볼 수 없는 수준의 도를 넘은 댓글들이 정말 많다.

요즘 즐겨 보는 TV프로그램으로 〈오은영의 금쪽같은 내 새끼〉, 〈오은영의 금쪽 상담소〉가 있다. 오은영 박사는 정신건강의학과 전문의로, 최근 누구나 이름만 들어도 알 정도로 육아 멘토로 유명한 분이다. 아이를 양육하는 부모뿐만 아니라 대한민국 2030 미혼 청년들도 즐겨 보는 프로그램이 바로 오은영 박사의 육아 프로그램이다. 그렇게 국민 모두가 좋아할 것만 같은 오은영 박사님마저 악플에 시달렸다는 사실을 알고 있는가? '명품을 좋아한다', '명품 브랜드 VVIP다', '상담료가 10분에 몇 십만 원이다'라는 루머가 맘카페에서 퍼지기 시작했고, 악플은 도를 넘는 수준까지 이어졌다. 그런 오은영 박사님이 최근 TV에 나와 악플에 대해 간단명료한 정의를 내렸다.

오은영 박사님의 요지는 댓글에서 '비난'과 '비판'을 구분하라는 것이었다. 비판은 감정적 치우침 없는 하나의 의견이지만, 비난은 모욕을 깔고 있는 일방적 지적이다. 악플은 엄연한 범죄이며, 악플을 다는 행위는 정도에 따라 정신병으로도 진단할 수 있다. 명백히 법적인 처벌을 받을 수 있는 죄인 것이다. 실제로 악플을 작성하는 악플러들이 어디 가서 '나 악플 달았다'라고 당당히 말하지는 않는다. 그만큼 떳떳하지 못한 일임을 알고 있기 때문이다.

나도 악플러의 공격을 받았던 경험이 있다. 정확히 말하면 가족이 겪은 일이다. 2018년에 어머니는 남동생의 간을 이식받으셨다. 당시 남동생의 신분은 공군 장교였다. 그날, 같은 공군에서 아버지께 간이식을 해드린 또 다른 사례가 있었다. 그래서 '공군 장병 2명, 부모에게 간이식 효행'이라는 제목으로, 한 신문사에 우리 가족의 이야기가 나왔다. 인터넷 뉴스 기사가 하나 올라오니 동시다발적으로 여러 신문사에서 남동생의 기사를 내보냈고, TV에까지 우리 가족의 사례가 소개됐다.

수술은 성공적이었다. 하지만 어머니와 남동생을 곁에서 지켜본 가족으로서, 간이식은 정말 힘들고 큰 수술이었다. 가족 모두가 한마음으로 기도했다. 그런 상황인지라 몸도 마음도 지쳐, 기사와 댓글까지 볼 여력이 없었다. 정신없는 하루가 지나고, 그날 저녁 인터넷 신문 기사를 훑어봤다. 대부분의 댓글은 '정말 장하다', '용기에 박수를 보낸다', '역시 대한민국 공군이다'라며 격려해주는 내용이었다. 하지만 그 사이에도 악플을 쓰는 사람은 있었다. 아주 소수이지만 '부모님께 장기 이식을 해드리는 것은 당연한 일인데 뉴스에 나올 일'이냐며 비아냥거렸다. 물론 당연한 일은 맞다. 하지만 남동생은 수술 전날 유서까지 작성했을 정도로 심적 부담을 크게 느꼈다고 한다. 무심코 던진 돌에 개구리가 맞아 죽는다고, 생각 없이 쓰는 악플 하나에 당사자는 많은 상처를 받는다. 이런 효행의 기사에도 악플을 다는 사람이 있으니, 오히려 악플을 작성하는 사람의 심리나 정서가 건강한지 의심해봐야 할 정도다.

한번은 친한 동생 A도 황당한 일을 겪었다. A는 현재 활발히 방송

활동을 하고 있고, 말도 조리 있게 잘하는 쇼호스트 동생이다. 쿠팡 라이브 방송에는 '알람 설정'이라는 기능이 있는데 알람을 설정해놓으면, 해당 크리에이터가 방송을 시작함과 동시에 고객들에게 방송이 시작됐다는 메시지가 가는 기능이다. A는 열심히 방송을 하고 있는데, 대화창에 어느 고객이 '알람 귀찮은데 그만 좀 보내세요'라는 메시지를 보냈다고 한다. 알람 설정은 본인이 끌 수 있다. 그런데 그 사실을 잘 모르는 고객이 방송 중에 들어와서 댓글을 남긴 사례였다.

실시간으로 방송하다 보면 고객이 보낸 메시지를 읽고 대답을 해주며 소통하게 된다. 그러니 A는 방송 중에 그 고객이 남긴 메시지를 읽었고, 마음에 상처를 입었다고 한다. 하지만 프로 정신을 발휘해 친절하게 알람 설정을 끄는 방법을 알려드리고, 끝까지 방송을 이끌어갔다고 한다. 실제로 방송에 참여하고 있던 고객들은 이런 A의 프로 정신에 박수를 보냈다. 지금도 이 동생은 여러 플랫폼에서 활발히 방송 활동을 하고 있고, 씩씩하게 자신만의 사업체까지 만들어 퍼스널 브랜딩을 구축해나가고 있다.

나 또한 유사한 경험이 있었다. 방송에 들어와서 말도 안 되는 트집을 잡으며 이런 불평, 저런 불평을 늘어놓는 고객이었다. 처음에는 일일이 대응해줬지만, 계속해서 도를 넘는 비난에 나는 멘탈이

붕괴될 위기를 맞았다. TV홈쇼핑처럼 일방적인 방송이 아닌, 실시간으로 소통하는 방송이다 보니 피할 수 없는 상황이었다. 어떻게든 방송은 마무리했지만, 그날 잠들기 전까지 기분이 좋지 않았다.

방송을 하다 보니 이렇게 크건 작건 악플은 피할 수 없는 존재가 됐다. 처음 겪을 때는 방송의 매출에 영향이 갈 정도로 타격을 입을 수 있다. 하지만 성장하기 위한 통과 의례라고 생각하면 마음이 편해진다. 실제로 몇 번 겪다 보면, 고의적인 악플은 무시하고 방송을 진행할 수 있는 내공이 쌓인다.

나는 방송이 끝나고 나면, 방송 링크를 지인들에게 보내준다. 고칠 점이나 좋은 의견이 있으면 말해달라고 부탁하기 위해서다. 나를 정말 아끼고 발전하길 바라는 지인들은 진심을 담아 '비판'을 해준다. 이러한 비판적 피드백은 내가 올바르게 발전할 수 있도록 해주는 자양분이 되고 밑거름이 된다.

오은영 박사님 말처럼 고의적 비난이 깔려 있는 악플을 봤다고 해서 스스로를 자책할 필요는 없다. 악플러 중에 본인의 신분을 밝히고 악플을 적는 사람은 없지 않은가. 보이지 않는 곳에서 드러나 있는 사람을 공격하는 것이야말로 정말 비겁한 짓이다. 악플을 보는 순간 잔상이 남는 것은 어쩔 수 없다. 하지만 그럴수록 마음의 근육을 키워야 한다. 그러다 보면 오히려 그런 댓글을 다는 사람들이 '마음이 아픈 사람이다'라고 생각할 수 있게 된다. 몇 번 겪다 보면 어느 정도 의연해질 수 있다. 스스로를 사랑하고 자신의 일을 하느라 바쁜 사람들은 남을 헐뜯는 데 시간을 허비하지 않는다. 고의적, 상습적으로 악플을 다는 사람들의 실제 모습이 어떠할지 상상해보라.

악플러들은 실제 삶에서 많은 부분이 결핍된 사람들이다. 실제로 한 연예인이 악플러를 잡고 보니 S대 법대 출신의 수험생으로, 계속되는 사법고시 실패에 정신질환을 앓고 입원 치료를 받는 사람이었다고 한다. 심지어는 전화를 해보니 중학생이었던 사례도 있었고, 본인이 어떤 악플을 작성했는지 기억하지 못하는 경우도 허다했다.

일단 라이브 커머스를 통해 방송을 하기로, 자신을 드러내기로 마음먹었다면 어느 정도는 악플을 즐기는 마음가짐도 가져야 한다. 도를 넘는 악플은 당연히 법의 도움을 받아 해결해야 한다. 하지만 자잘한 악플은 그저 내 두 볼을 스쳐 지나가는 바람이라고 생각해도 좋다. 겨울에 칼바람이 불어 볼이 시리더라도, 그 바람을 혼내주려고 쫓아갈 수는 없지 않은가. 우리에게는 목적지가 있으니 말이다.

하루 24시간은 모두에게 공평하게 주어진다. 하지만 그 시간을 행복한 삶으로 만들 것인지, 불행한 시간으로 보낼 것인지는 본인에게 달려 있다. 같은 시간을 다르게 사는 이유는 바로 '관점'의 차이 때문이다. 관점은 아주 사소해 보일지라도, 앞으로의 내 인생을 좌우하는 중요한 지점이다. 나를 행복하게 만들 수도 있고, 반대로 나를 공격해 찌를 수도 있는 양날의 검인 것이다. 이런 악플러들을 맞닥뜨렸을 때, '악플이 달리는 것을 보니 내가 이제 잘나가고 있구나', '나에게도 악플이 달리다니 이제 대박 날 일만 남았다!'라고 생각해보면 어떨까. 더불어 상습적으로 악플을 쓰는 사람들을 마음을 치료받아야 할 아픈 사람들이라고 생각하자. 이런 관점과 마인드는 당신이 라이브 커머스 셀러로 발전하는 데 더욱 큰 자양분이 될 것이다.

스쳐가는 고객을 끌어당기는 힘, 차별화

나는 현재 4살 아들을 키우고 있는 아들맘이다. 그러다 보니, 자연스럽게 아동 전집에 관심을 많이 가지게 됐고 전집 출판사는 어떤 출판사가 있는지, 각 출판사에서 어떤 책을 출시했는지 줄줄이 꿰고 있다. 그런데 어느 날은 아동 전집을 파는 출판사에서도 각기 다른 판매 전략을 가지고 있는 것을 발견했다. 기본적으로 아동 전집을 판매하는 출판사에서는 모두 훌륭한 책을 출시한다. 어느 회사의 어떤 전집을 선택하더라도, 크게 실패하는 일이 없다. 그런데도 도토리 키 재듯 비슷한 전집들 중에, 특정한 출판사가 그들의 전집을 선택하게 하고, 엄마들의 지갑을 열게 하는 요소는 무엇일까?

그것은 '차별성'이다. 한 전집 브랜드의 슬로건은 "우리 회사는 책을 파는 회사가 아니라, 독서법을 판매하는 회사입니다"이다. 아무리 뛰어나도 금방 따라잡힐 수 있는 품질과 우수성을 드러내기보다, 다른 출판사에 없는 '차별성'을 만들어낸 것이다. 이 회사는 책을 구매하면 구매 고객들에게 '100일 독서'라는 활동을 할 수 있게 마련해주고, 기한 내에 이 미션에 성공하면 포인트를 준다. 그리고 그 포인트로 같은 출판사 내의 다른 책을 구매할 수 있게끔 한다. 그러다 보니 이 회사의 고객인 엄마들은 주야장천 아동 전집만 사서 쟁여놓기보나, 아이와 함께 활동하고 책을 읽는다. 그리고 그것을 기록해 나중에도 들춰보며 추억할 수 있는 독서활동에 더 중점을 두니, 자연스레 해당 출판사의 전집을 선택하는 것이다. 이러한 마케팅 전략으로 많은 엄마들이 이 출판사의 전집을 구매했고, 블로그나 인스타그램 등의 SNS에 독후활동을 기록했다. 그렇게 출판사는 자연스럽게 온라인 마케팅 효과까지 얻을 수 있었다. 독후활동을 기록하며 엄마들도 그림책을 꼼꼼히 읽게 되니, 책의 퀄리티 또한 눈에 더 많이 들어오게 되고, 회사에 신뢰가 쌓인 고객들은 이 출판사의 다른 전집까지 구매하게 된다. 여기까지의 이야기는 고객 입장에 있었던 나의 행동 패턴과 소비 흐름, 그리고 해당 브랜드에 대한 인식을 어떻게 갖게 됐는가에 바탕을 두고 적은 이야기다. 많은 엄마들은 이미 알고 있겠지만, 이 출판사의 이름은 '키즈스콜레'다.

키즈스콜레의 마케팅 전략은 그냥 스쳐 지나갈 수 있는 고객들의 시선을 잡아끌고, 고객으로 하여금 브랜드에 대한 인식을 굳히게 하는 인상적인 브랜딩 전략이다. 그런 면에서, 타 출판사와는 다른 방식으로 고객에게 브랜드를 인식시키려 고민했던 출판사의 노력이 엿보인다. 결과적으로 고객 입장이었던 나도 키즈스콜레의 전집을 10질 이상 구매하기도 했다.

내가 좋아하는 마케팅 전문가 중 홍성태 교수님이라는 분이 있다. 홍성태 교수님과 조수용 대표님의 책 《나음보다 다름》에서는 이렇게 이야기한다.

"경쟁하지 말고 차별화하라!"

책은 내가 가진 특징 중에서 무엇을 '다름의 포인트'로 인식시킬 것인가에 따라 결과가 달라진다고 말한다. 더 나아가 품질이나 기술의 실제적인 차이도 중요하겠지만, 그에 못지않게 중요한 것은 바로 '인식상의 차이'를 만드는 것이라고 한다. 그리고 인식상의 차이는 사람들의 마음에 한번 각인되면 모방하기가 어렵다는 것이다. 나는 이 주장에 전적으로 동의한다. 요즘은 정말 너도나도 품질 면에서 뛰어나고, 우수한 제품과 서비스를 앞다퉈 내놓는다. 선택지의 폭이

넓어진 고객 입장에서는 결정이 어려울 만큼 훌륭한 상품들이 많다. 그런 상황에서 인식적으로 다름을 추구하는 것은 어쩌면 권장사항이 아닌, 필수사항이라고 할 수 있겠다.

나도 고객의 인식에 남게 할 만한 나만의 브랜딩 전략을 고민하다가, 가장 작은 변화부터 시도해보기로 했다. 명함을 바꿔 보기로 결정한 것이다. 남들과 똑같이 이름, 주소, 연락처, 이메일 주소 등이 적혀 있는 명함이 아닌, 나만의 스타일로 명함을 만들어 보기로 했다.

(출처 : 저자 제공)

앞면에는 나의 정체성을 나타낼 문구를 눈에 잘 띄도록 금박 형압으로 넣고, 뒷면에는 사진과 함께 나와 직접적으로 대화할 수 있는 1:1 대화창을 링크로 만들어 QR코드로 삽입했다. 실제 연락처는 QR코드로 나와 1:1 대화를 하게 될 때 전달해주면 된다. 마케터용 명함도 마찬가지로 제작했다. 이렇게 했더니 고객이나 클라이언트에게 명함을 줄 때 많은 칭찬을 받았고, 고객에게 훨씬 더 깊이 인식될 수 있었다.

우리는 이런 식으로 나만의 '차별성'을 조금씩 만들어나가야 한다. 특히 자기 PR의 시대에는 마케팅 전략이 더욱 중요하다. 앞으로는 더 많은 경쟁과 함께 수많은 브랜드가 탄생하고 사라질 것이다. 이런 생존경쟁 시대에는 나만의 차별성을 가지는 것이 꼭 필요하다. 애플(Apple)을 세계적인 기업으로 성장시킨 스티브 잡스(Steve Jobs)의 유명한 명언도 있지 않은가.

"Better is not enough. Try to be different.
(잘 만드는 것은 충분하지 않다. 다르게 만들 궁리를 해라.)"

잘 팔리는 시간대의
비밀

홈쇼핑에는 카테고리별로 매출이 잘 나오는 시간대가 따로 있다. 홈쇼핑 주 고객층은 중년의 여성들이다. 그렇기 때문에 홈쇼핑에서는 중년 여성 고객의 하루 패턴을 분석해, 시간대별로 제품 카테고리를 결정한다. 홈쇼핑은 실제로 새벽 6시부터 익일 2시까지를 하루로 본다. 그리고 그 안에 송출되는 방송은 모두 100% 생방송이다. 새벽 2시부터 6시까지 단 4시간만 재방송을 튼다는 뜻이다.

예를 들어 '식품' 방송을 한다고 치자. 주 고객인 주부들이 아침에 남편과 아이들을 출근, 등교시키고 한숨 돌리는 시간은 바로 오전 11시대다. 그리고 점심시간이 시작되기 전이기 때문에 보통 배가 고플 시간이다. 이럴 때 방송에서 먹음직스러운 간장게장이나 시래깃국을 판매한다고 생각해보라. 때마침 배에서는 꼬르륵 소리가 나고 점심을 먹을 참인데, 윤기 나는 게장에 갓 지은 고슬고슬한 밥을 한 숟갈 떠서 탐스럽게 먹는 쇼호스트를 보면 본인도 모르게 주문 전화를 걸게 될 것이다. 배부를 때는 보이지도 않고, 살 필요성도 느끼지 못하는 식품이 단숨에 팔려 나간다. 또 저녁식사가 시작되기 전인 4~6시 시간대도 식품을 팔기에 적격인 시간이다. 저녁식사 시간대가 지나고, 그 이후에는 사실상 직장인이나 다양한 계층의 고객이 유입될 확률이 크기 때문에, 생활용품이나 뷰티, 패션 등의 다양한 상품으로 접근해볼 수 있다. 또 어르신을 주 타깃으로 한 건강식품 같은 경우는 새벽 6시대와 아주 늦은 밤 12~1시 시간대에도 잘 팔린다. 왜냐하면 어르신들은 대부분 잠이 없고, 일찍 잠에서 깨어 TV를 틀기 때문이다. 그 시간대에 타깃에 맞는 상품으로 접근하는 것이 판매 승률을 높이는 지름길이다. 실제로 홈쇼핑에서 근무할 때 해당 시간에 노년 부부들이 자주 찾는 라이코펜 제품 판매 성과를 100%로 냈던 기억이 난다.

잘 팔리는 시간대의 비밀에 대해 더 자세히 들어가보자. 라이브 커머스에서 상품을 판매할 때, 앞서 말한 것처럼 시간대는 매우 중요한 역할을 한다. 고객들의 행동 패턴과 일상생활에 따라 상품 구매에 미치는 영향이 달라지기 때문이다.

우선, 대상 고객들의 생활 패턴을 고려해야 한다. 일하는 직장인들에게는 주로 저녁 시간대가 유리할 것이다. 그러나 학생들이나 주부들에게는 오전이나 오후 시간이 더 적합한 시간대일 수도 있다. 하지만 어떤 시간대가 실제로 가장 잘 팔리는 시간대일까? 일반적으로 저녁 7시부터 9시 사이가 라이브 커머스 방송에 가장 적합한 시간대로 알려져 있다. 이 시간대에는 대부분의 사람들이 집으로 돌아와서 휴식을 취하면서 쇼핑에 관심을 갖게 된다.

그러나 모든 상황이 이렇게 단순하지는 않다. 상품의 특성과 타깃 고객층의 행동 패턴을 분석해 더 구체적인 시간대를 파악하는 것이 중요하다. 각각의 상황에 따라 어떤 시간대에 더 많은 관심과 구매가 발생하는지 파악해 방송 계획을 세울 수 있다. 다음의 예를 한번 살펴보자.

카테고리	상품	타깃	판매 시간대
유아동	우뇌발달 그림책 전집	3~5세 아이 엄마	오후 1~3시
패션·의류	핑크색 트렌치코트	대학 새내기 여학생	오전 11시~오후 1시
전자제품	미러리스 카메라	젊은 남성	오후 7~9시
건강식품	라이코펜	50~60대 중년	오후 9~11시
뷰티·이미용	화장품 쿠션 팩트	25~35세 여성 직장인	오전 8~9시 오후 7~9시

(출처 : 저자 제공)

먼저, 3~5세 아이의 엄마를 타깃으로 한 그림책 전집은 아이가 어린이집에 등원하고, 엄마들이 상대적으로 여유를 가지게 되는 오후 시간대인 1~3시에 방송을 볼 확률이 높다. 새내기 여대생을 타깃으로 한 패션 상품은 수업과 수업 중간 시간대, 특히 점심을 먹는 시간대인 오전 11시~오후 1시까지 시간대가 적합하며, 보통 직장을 다니는 젊은 남성을 타깃으로 한 전자제품 카메라 방송은 퇴근 시간인 오후 7~9시가 적당하다. 중년들이 많이 찾는 건강식품은 모든 가족이 잠자리에 들고, 중년의 어른들이 잠들기 전 시간대인 오후 9~11시가 적당하며, 25~35세의 여성 직장인은 출근 시간인 오전 8~9시나 퇴근 시간대인 오후 7~9시를 노려보는 것이 좋다.

이렇게 상황에 맞게 타깃 고객들의 특성과 행동을 분석해 최적의 방송 시간을 설정하자. 잘 팔리는 시간대의 비밀을 파악해, 라이브 커머스 방송을 계획하고 진행하는 것은 성공적인 판매에 큰 도움이 될 것이다.

방송의 성패는
오프닝에 달렸다

방송에 콘티가 있듯이 라이브 커머스에는 '큐시트'라는 것이 있다. 뒤에 큐시트에 관해 설명하겠지만, 큐시트 작성 요소는 크게 오프닝(3분), 사이클(15분), 클로징(3분) 3가지로 구성된다. 오프닝은 3분 정도의 시간 동안 방송에 유입된 시청자들의 흥미를 유발하는 역할을 한다. 그렇기 때문에 방송의 성패는 오프닝 3분 안에 결정된다고 할 수 있을 만큼 오프닝이 무엇보다 중요하다. 이 시간 동안에 방송의 퀄리티와 매력을 제대로 전달하지 못하면, 시청자들의 관심을 끌어들이지 못할 뿐만 아니라 판매 성과에도 직접적인 영향을 미칠 수 있다. 따라서 지금부터는 오프닝에서 신경 써야 하는 3가지에 관해 설명하려고 한다.

첫 번째로 방송의 첫인상이다. 방송이 시작되고 처음 보이는 화면은 쇼호스트와 배경, 제품의 배치다. 이때 적절한 의상과 헤어·메이크업으로 시청자들의 눈에 띄는 비주얼을 갖춰야 하며, 호감을 주는 표정과 미소는 필수다. 또, 제품이 돋보이는 배경과 구도를 보여줘야 한다. 시청자들은 주로 이 시간 동안 방송에 호기심과 기대감을 가지게 되기 때문에, 그들의 관심을 끌 수 있는 시각적 요소를 갖추는 것이 무엇보다 중요하다.

두 번째로 명확하고 직관적인 콘텐츠 구성이다. 오프닝에서 꼭 방송의 목적과 내용을 명확하게 전달해야 한다. 시청자들이 이 순간에 방송이 자신에게 어떤 가치를 제공하는지 이해할 수 있어야 한다. 간결하고 구체적인 설명을 통해 상품의 특징과 장점을 강조하고, 구매 동기를 유발할 수 있는 이야기를 전달해야 한다. 이때, 짧은 콩트나 상황극 등 스토리텔링을 할 수 있는 요소를 배치하기도 하는데, 이러한 요소는 지루하지 않고 직관적으로 고객의 흥미를 유발할 수 있기 때문에 좋은 시도가 될 수 있다. 이 과정에서 가장 중요한 것은 시청자인 고객으로 하여금, 반드시 공감을 불러일으킬 만한 내용이어야 한다는 점이다.

마지막으로 열정과 에너지를 담은 방송을 진행해야 한다. 시청자들은 열정적이고 카리스마 있는 쇼호스트와의 소통을 원한다. 밝고 긍정적인 에너지를 전달하기 위해 무엇보다 중요한 것은 '목소리'다. 방송을 할 때는 보통 마이크를 사용하지만, 목소리 톤이나 제스처를 통해 그 사람이 가지고 있는 고유의 에너지를 전달할 수 있다. 또 중요한 것이 '시선 처리'다. 어떤 카메라를 봐야 하는지 잘 생각해 적절한 시선으로 자연스럽게 방송을 해야 한다. 초점 없는 멍한 시선으로는 고객에게 신뢰를 줄 수 없다. 이러한 요소들로 시청자들은 금세 이 사람이 어떤 사람이고, 어떤 성품을 가졌는지 눈치를 챈다. 높고 밝은 텐션을 유지하지만 결코 가벼워 보이지 않아야 하며, 진지한 태도와 목소리, 시선 처리를 통해 높은 전달력을 가지고 방송을 진행해야 한다. 이 요소들을 조합해 오프닝 큐시트의 예시를 다음과 같이 만들 수 있다.

설날 시즌 한우세트 판매 방송

▶ 한복을 곱게 차려 입은 쇼호스트가 "새해 복 많이 받으세요"라는 멘트와 함께 세배를 하며 시작.

부모님과 함께하는 효도여행 상품 판매 방송

▶ 부모님으로부터 전화가 와서 딸이 통화를 하는 모습을 비춘다. "옆집 순이 엄마는 칠순여행으로 베트남에 갔다 왔다더라~" 하는

멘트가 스마트폰 너머로 들려오며, 딸과 대화하는 컨셉으로 시작.

신생아를 위한 분유 포트 판매 방송

▶ 여자 쇼호스트와 남자 쇼호스트가 각각 부부 역할을 상황극으로 연기.

새벽에 "애앵" 하고 우는 아기, 졸린 눈을 비비며 남편에게 "여보, 아기 분유~"라고 말하고, 남편은 주방으로 가서 졸면서 분유를 탄다. 물 온도 맞추는 데 애를 먹은 남편, 결국 아기가 잠을 깨고 힘들어하는 부부의 모습으로 시작.

앞서 말했듯이 방송의 성패는 오프닝 3분 안에 결정되기 때문에 이 시간을 어떻게든 효과적으로 활용하는 것이 매우 중요하다. 잘 준비된 오프닝, 명확한 콘텐츠 전달, 열정과 에너지가 담긴 방송으로 시청자들의 관심을 사로잡고 구매로 이어질 수 있도록 노력해야 한다. 방송 시작부터 최고의 모습을 보여주며, 성공적인 라이브 커머스 방송을 만들어내길 빈다.

4장

퍼스널 브랜딩으로
나를 알려라

당신의 취향을
팝니다

"당신의 취향을 팝니다."

이 말은 고객 개개인의 취향과 선호도를 이해하고, 그에 맞춰 상품을 소개하고 판매하는 능력을 갖춰야 함을 의미한다. 라이브 커머스에서는 이렇게 개인화된 접근이 매우 중요하다. 왜냐하면 사람들은 자신과 관련된 상품이나 콘텐츠에 훨씬 더 관심을 가지고, 구매까지 이어갈 가능성이 높기 때문이다.

라이브 커머스가 현대의 소매업과 이커머스 산업을 뒤흔들고 있는 이유 중 하나는 개인화된 쇼핑 경험을 제공한다는 점이다. 이는 소비자들의 취향과 관심사를 이해하고, 그에 맞게 상품을 제공함으로써 이루어진다. "당신의 취향을 팝니다"라는 주장은 소비자들의 다양한 취향을 파악하고, 그에 맞는 상품을 제공하는 것이 라이브 커머스의 핵심이라는 것을 강조한다. 그렇다면 어떻게 라이브 커머스가 소비자의 취향을 맞추고, 이를 통해 성공을 거둘 수 있는지 살펴보도록 하자.

첫째로, 라이브 커머스는 실시간으로 상품을 소개하고 판매하는 과정에서 소비자의 반응을 직접 확인할 수 있다. 이는 소비자들의 취향을 파악하는 데에 있어 매우 유용한 도구다. 라이브 방송 중에 소비자들의 채팅이나 댓글을 통해 그들의 관심사나 욕구를 파악해, 이를 토대로 상품을 제공하는 것이 가능하다. 예를 들면, 특정 제품에 대한 소비자들의 질문이나 요청을 듣고 이에 적절히 대응하는 것이다.

둘째로, 라이브 커머스는 개인화된 쇼핑 경험을 제공함으로써 소비자들의 취향을 만족시킨다. 라이브 방송을 통해 상품을 소개하고, 판매하는 과정에서 소비자들은 자신의 취향에 맞는 상품을 선택할 수 있다. 예를 들면, 특정 제품의 다양한 디자인이나 색상을 실시간으로 보여주면서, 소비자들이 자신에게 가장 적합한 상품을 선택할 수 있도록 돕는 것이 가능하다.

셋째로, 라이브 커머스는 데이터 분석을 통해 소비자들의 취향을 파악하고, 그에 맞는 상품을 제공하는 것이 가능하다. 소비자들의 구매 이력이나 관심사를 분석해, 취향을 파악하는 것이다. 예를 들면, 데이터 분석으로는 특정한 시간대에 어떤 상품이 가장 많이 팔리는지를 분석해, 그에 맞는 상품을 소개하는 것이 가능하다. 이렇게 소비자들의 구매 이력을 바탕으로 개인 맞춤형 추천 서비스를 제공하면 소비자의 만족도는 자연스레 올라가게 된다.

넷째로, 라이브 커머스는 소비자들의 취향을 파악해 브랜드의 이미지를 강화할 수 있다. 라이브 방송을 통해 상품을 소개하고 판매하는 과정에서 브랜드의 철학이나 가치를 강조하면, 이를 통해 소비자들은 자신의 취향과 관심사를 공유하는 브랜드와의 연관성을 느끼게 되며, 브랜드의 가치를 높게 평가하게 된다. 또한, 소비자에게 브랜드 이미지를 강화하는 것은 장기적으로 브랜드의 가치를 향상시키고 고객들의 신뢰를 얻는 데에 도움이 된다.

이렇게 "당신의 취향을 팝니다"라는 주장은 라이브 커머스의 핵심 원칙 중 하나가 된다. 앞선 4가지 방법을 명심하면, 우리는 소비자의 취향을 판매해 성공적인 비즈니스를 구축할 수 있다. 결국 가장 중요한 것은 소비자들의 다양한 취향과 관심사를 고려해, 상품을 선택하고 제공하는 것이다.

마음 따뜻한
독종이 되라

방송을 하다 보면 정말 이런 일, 저런 일, 생각지도 못한 일들을 겪게 된다. 방송 중에 악성 고객이 들어와서 훼방을 놓는다든지, 에이전시로부터 부당한 대우를 받는다든지, 이해되지 않는 상식 밖의 일들이 비일비재하게 일어날 수도 있다. 그럴 때마다 멘탈이 흔들리고 힘들 수 있다. 하지만 간단한 삶의 원리를 알고 나면, 나를 힘들게 하는 것들에 대처하는 자세도 견고해지고 단단해질 수 있다.

내 주변 인간관계 다섯 명의 평균이 현재 나의 모습이라는 말이 있다. 한창 형이상학에 빠져 마인드에 대한 책을 닥치는 대로 읽던 때가 있었는데, 그때 감명 깊게 읽었던 형이상학자 네빌 고다드(Neville Goddard)의 책《부활》에서는 이렇게 말한다.

"마음속에 담는 것이 곧 내 삶이 된다. 변화해야 할 것은 오직 자신뿐이다. 당신의 눈으로 보고 있는 것은 사실 당신의 의식 안에 존재하는 것이다. 외부에서는 변화시켜야 할 것이 없다. 변화시켜야 할 것은 오로지 자아뿐이다. 우리는 변형된 모습이 비추고 있는 것에 맞춰 세상을 다시 바라보게 된다. 자아에 대해 지니고 있는 관념에 좌우해서 우리의 삶을 빛나게 할 수도 있고 어둡게 할 수도 있다. 외부에서 도움을 구하지 말고, 스스로의 자아를 변화시켜라. 외부에 있는 것처럼 느껴지는 산도 실은 나의 내부에 존재하는 것이다. 의식을 변화시키지 않고 어떤 일을 하려 한다면, 겉이 보이는 문제만을 다루는 무익한 짓일 뿐이다."

이 말은 '올바른 마음가짐'에 대한 정의를 내려준다. 바깥에서 어떤 공격이 다가오더라도, 실상은 그것도 나의 내부에서 이루어지는 일이라는 것이다. 요즘은 인스타그램이나 블로그 같은 SNS를 통해 자신을 드러내는 사람들이 많아졌다. 그러면서 자연스럽게 남의 시선으로 바라보는 본인의 평판에 신경을 쓰는 경우도 많아졌다. 물론 자기 PR의 시대이기 때문에 SNS는 요즘 시대에 꼭 필요한 홍보수단이기는 하다. 하지만 남들의 시선을 의식하는 대세에 편승하지 말고, 내 마음속의 소리에 귀를 기울여 보는 것은 어떨까.

라이브 커머스뿐만 아니라 모든 사회생활을 할 때는 독종이 되어야 한다. 내가 해야 할 일, 성공적으로 해내야 할 일 앞에서는 설렁설렁 가벼운 마음가짐으로 있어서는 안 된다. 마음을 단단히 먹고 독하게 임해야 한다. 그렇다고 피도 눈물도 없이 '마이 웨이' 하는 독종이 되라는 것은 아니다. 마음속은 언제나 고요하고 따뜻한 상태를 유지하라. 나는 마인드 컨트롤과 스트레스 조절을 위해 항상 책을 읽는다. 독서를 통해 마음의 위안을 얻고, 현재 봉착한 어려움에 대한 해답을 찾기도 한다. 이렇듯 스스로를 위한 스트레스 해소 방법을 하나씩은 가지고 있는 것이 좋다. 운동을 한다든지, 악기를 연주한다든지, 그림을 그린다든지 하는 것들 말이다. 그리고 공과 사를 반드시 구별해야 한다. 밖에서 받은 스트레스는 바깥에서 훌훌 털어버리고 돌아가야 한다. 집에 있는 내 소중한 가족들에게 내 스트레스를 전가하는 것이야말로 가장 바보 같은 짓이고, 결과적으로 나 자신을 더 힘들게 하는 일이 될 수 있다.

독특하고 따뜻한 에너지를 전달하면서 고객들의 마음을 얻어내는 것은 구매 결정으로 이어가는 중요한 역할을 한다. 라이브 커머스에서는 실시간 채팅이나 댓글 기능을 통해 시청자들과 소통할 수 있다. 이를 통해 고객들의 질문에 성심성의껏 답변하고, 고객들의 의견과 관심을 존중하는 태도를 보여줄 수 있다. 또한, 고객들의 이름을 부르며 개인적인 인사를 전하고, 고객의 관심사에 대한 관심을 표현하는 등 고객이 스스로 소중하다는 느낌이 들도록 해야 한다.

상품 소개뿐만 아니라 고객들과 감정 및 이야기를 공유하는 것은 나의 성장에도 큰 도움이 된다. 상품과 관련된 개인적인 경험을 나누거나, 고객들의 이야기를 들어주며 공감해주는 행동은 고객과 감정적인 연결을 형성할 수 있다. 또한, 특별한 이벤트나 기념일에 대한 이야기를 나누고, 고객들과 함께 기쁨이나 감동을 나눌 수 있는 이벤트를 개최하는 것도 좋은 방법이다.

선의의 서비스를 제공하는 것도 나의 성장에 있어 중요한 요소다. 고객들의 요구에 신속하게 대응하고, 문제가 발생했을 때 신속하게 해결해주는 선의의 서비스는 고객들에게 신뢰와 안정감을 준다. 이는 고객들의 마음을 따뜻하게 만들 수 있는 방법이기도 하다.

이처럼 마음 따뜻한 독종이 되기 위해서는 고객과의 소통과 관심 표현, 감정과 이야기 공유, 선의의 서비스 제공 등 다양한 방법을 활용해야 한다. 이러한 노력과 마음을 담은 라이브 커머스 방송은 고객들의 마음을 움직이고, 성공적인 판매로 이어지는 기반이 될 것이다. 사랑과 증오는 마법 같은 힘을 가지고 있다. 어떤 것을 담든지 마음속에 담은 것과 비슷한 것으로 변해간다. 언제든 사랑스러운 것들과 듣기에 좋은 것들에 대해서 생각하라. 멘탈은 단단하고, 마음은 따뜻한 독종이 되어야 한다. 그래야만 라이브 커머스라는 사회에서 살아남을 수 있다.

진짜 구매할 고객에게
집중하라

    진짜 구매할 고객에게 집중하는 것은 라이브 커머스에서 성공을 이끌어내기 위한 핵심 전략이다. 구매 의사가 있는 고객들에게 집중함으로써 효율적인 마케팅을 할 수 있으며, 더 높은 고객 충성도를 이끌어낼 수 있다. 방송을 할 때도 마찬가지다. 타깃층을 잡고 하는 방송과 잡지 않고 하는 방송은 당연하게도 큰 차이가 있다. 그리고 지금 접속해 있는 고객 모두를 타깃으로 잡지 말고, 관심을 보이고 질문을 하거나 대답을 하는 고객을 타깃으로 해 집중적으로 판매 전략을 세우는 것이 중요하다. 방송을 하다 보면, 수많은 종류의 고객들이 있다. 그냥 방송만 보러 들어온 고객도 있을 것이고, 장바구니에 상품을 넣어놨다가 마침 방송을 한다기에 알람을 받고 들어온 고객들이 있는가 하면, 단순 구매욕을 느껴 이리저리 방송을 보다가 우연치 않게 들어온 고객들도 있다. 이들 모두를 파악하고 적절한 타깃을 공략하기 위해 다음은 진짜 구매할 고객에게 집중하는 방법에 대한 3가지 사례를 들어보려 한다.

고객 세분화

모든 고객을 대상으로 하는 것보다는 구매 의사가 있는 특정한 고객 분야를 식별해, 집중적으로 마케팅을 진행하는 것이 중요하다. 예를 들어, 특정 연령대, 성별, 지역, 관심사 등에 기반해 고객을 세분화하고, 각각의 분야에 맞는 맞춤형 콘텐츠와 상품을 제공하는 전략을 수행할 수 있다. 특히 질문을 많이 하는 고객은 상품에 대한 관심이 크고, 상품을 구매할 확률이 높은 고객이기 때문에 이런 고객에게 집중적으로 공을 들이는 자세가 필요하다. 이를 통해 고객들의 관심과 선택에 최적화된 마케팅을 진행할 수 있다.

행동 분석

고객들의 행동 데이터를 분석해서 어떤 상품에 관심을 가지고, 어떤 시간대에 구매를 선호하는지를 파악하는 것도 중요하다. 네이버 라이브 방송에서는 방송이 끝난 후 고객의 검색 키워드와 몇 분쯤 구매가 일어났는지, 나이대는 어떤지 데이터를 볼 수 있다. 이를 토대로 다음 방송을 어떻게 이어나갈지 대략적인 틀을 잡을 수 있다.

예를 들어, 고객들의 검색 키워드, 구매 이력, 방문 시간 등을 분석해 특정 상품을 추천하거나, 구매를 유도하는 전략을 수립할 수 있다. 이를 통해 진짜 구매할 고객들에게 더욱 맞춤화된 마케팅을 제공하고, 구매 확률을 높일 수 있다.

(출처 : 저자 제공)

개인화된 서비스

구매 의사가 있는 고객에게는 개인화된 서비스를 제공하는 것이 중요하다. 예를 들면 확실히 관심을 보이는 고객의 이름을 부르며 개인적인 인사를 전하고, 이전 구매 이력을 바탕으로 관련 상품을 추천하는 등 고객에게 특별한 대우를 해주는 전략을 채택할 수 있다. 고객은 당연히 다른 고객보다 내가 특별한 대우를 받고 있구나 하고 느끼며, 더욱 큰 애정을 담아 브랜드에 충성도를 보여줄 것이다. 이를 통해 고객들의 구매 경험을 개선하고, 고객과의 심리적인 연결을 형성할 수 있다.

앞의 3가지 사례는 진짜 구매할 고객에게 집중해, 라이브 커머스에서 성공을 이끌어내기 위한 중요한 전략이다. 고객 세분화, 행동 분석, 개인화된 서비스를 통해 구매 의사가 있는 고객들에게 더욱 효과적으로 접근하고, 고객의 만족도와 구매 확률을 높일 수 있다. 이를 통해 우리는 라이브 커머스에서 성공과 완판을 이룰 수 있을 것이다.

라이브 커머스는
자신감이 전부다

라이브 커머스는 현대의 쇼핑문화 중에서도 빠르게 성장하고 있는 분야다. 인터넷과 스마트폰의 발전으로 인해 소비자들은 실시간으로 제품을 확인하고 구매하는 것이 가능해졌다. 이러한 변화에 발맞춰 라이브 커머스가 등장하게 됐는데, 이는 시대에 걸맞게 상품을 실시간으로 소개하고, 고객과의 상호작용을 통해 판매를 이끌어내는 방식이다. 그러나 라이브 커머스에서 성공을 이루기 위해서는 단순히 제품을 소개하는 것만으로는 충분하지 않다. 라이브 커머스는 자신감을 가지고 방송을 해야만 성공할 수 있다.

라이브 커머스에서는 상품을 소개하는 과정이 매우 중요하다. 자신감 있게 상품의 장점과 특징을 설명하고, 고객들에게 제품을 어필하는 것이 필요하다. 예를 들면, 미용 제품을 판매하는 라이브 커머스 방송이라면 자신 있게 제품의 효과를 설명하고, 실제 사용기를 보여주며 변화를 체감시킬 수 있다. 이러한 제품에 관한 자신감은 자연스럽게 고객이 상품에 대한 신뢰감을 가지고 구매할 수 있도록 돕는다.

뿐만 아니라, 라이브 커머스에서는 실시간으로 고객들과의 상호 작용이 이루어진다. 고객들은 질문을 하거나 의견을 제시하는 경우가 많은데, 이에 자신감 있게 대응하는 것이 중요하다. 예를 들어, 패션 제품을 판매하는 라이브 커머스 방송에서는 고객들이 옷의 사이즈나 소재에 대한 질문을 할 수 있다. 이때 판매자는 자신감 있게 정확한 정보를 제공하고, 고객의 의견이나 요구사항에 대응할 수 있어야 한다. 이러한 상호작용을 통해 고객들은 판매자에게 신뢰를 갖고, 상품을 구매하게 될 것이다.

라이브 커머스 방송은 실시간이기 때문에 실수가 발생할 수 있다. 그러나 이러한 실수를 자신감으로 극복하는 것이 관건이다. 예를 들어, 제품을 잘못 설명하거나 정보를 헷갈린 경우에도 판매자는 자신감 있게 이를 바로잡고 올바른 정보를 제공해야 한다. 또한, 시청자들의 반응이 자신의 예상과 다른 경우에도, 이에 자신 있게 대처하고 상황을 웃음으로 이끌어낼 수 있어야 한다. 이렇게 실수를 극복하는 자신감은 고객들에게 신뢰를 줄 것이다.

"안녕하세요, 오늘은 C사의 수분 광채 커버 팩트를 여러분들에게 소개해드리려 합니다. 어….."

위와 같이 '음', '어' 따위의 의성어를 많이 쓰는 것은 방송 준비가 미흡해 보일 수 있다. 뭔가 생각해내야 하는 듯한 의성어는 고객으로 하여금 정적을 느낄 수 있게 하며, 방송을 지루하게 만드는 위험 요소가 된다.

자신감을 가지고 방송을 하기 위해서는, 먼저 상품에 대한 충분한 공부가 되어 있어야 한다. 배경지식도 물론 중요하지만, 해당 상품은 어떤 점을 소구점으로 하고 있는지, 어떤 특징이 있는지, 경쟁 상품과의 차별성은 어떤 것이 있는지 꼼꼼하게 따져가며 공부하는 것이 중요하다. 그리고 그 소구점을 계속해서 말로 내뱉어 보는 연습을 해라. 방송에는 대본이 있지만 라이브 커머스에는 큐시트가 있다. 일종의 콘티라고 생각하면 좋다. 후에 자세히 이야기하겠지만, 이 큐시트를 어떻게 작성하느냐에 따라 방송의 성패가 좌우된다고 해도 과언이 아니다. 방송 상품에 대한 충분한 공부가 되어 있지 않으면, 당연히 자신감 결여로 이어질 것이고, 생방송에서 시청하고 있는 고객들은 쇼호스트가 자신감 없이 방송하는 것을 귀신같이 눈치챈다. 더 나아가 '이 쇼호스트는 제품에 대한 공부를 안 했구나'까지 유추해낼 수 있다. 최소한 방송 하루 전까지는 상품에 대한 이해와 공부가 되어 있어야 한다는 것을 명심하라.

다시 말하자면, 자신감을 가지고 방송을 진행하는 것이 라이브 커머스의 성공을 이끌어내는 핵심 요소다. 자신감으로 상품을 소개하고, 고객과의 상호작용을 자신감 있게 이끌어내며, 실수를 자신감으로 극복하는 것은 고객들에게 신뢰를 주고 구매까지 이어지게 하는 기반이 된다. 따라서 라이브 커머스를 성공적으로 수행하기 위해서는 자신감을 길러야 한다는 점을 명심하고, 이는 상품에 대한 충분한 이해와 공부에서 나온다는 것을 잊지 말자. 궁극적으로는 공부한 것을 실제 사례와 함께 익히고 발전시켜 나가야만, 진정한 자신감을 가질 수 있다.

원츠(wants)에 동감하고,
니즈(needs)에 공감하라

　라이브 커머스는 현대 소매업과 이커머스의 결합으로, 상품을 실시간으로 소개하고 판매하며, 고객과 상호작용을 함으로써 고객에게 새로운 쇼핑 경험을 제공하고 있다. 따라서 성공적인 라이브 커머스를 위해서는 소비자들의 원츠(wants)와 니즈(needs)를 이해하고, 그에 맞게 대응하는 것이 필수적이다. 이 수행 과정에서 원츠와 니즈의 차이를 이해하고, 그에 따라 소비자들과 소통하는 방법에 대해 살펴보고자 한다.

　먼저 원츠와 니즈의 개념을 명확히 이해해야 한다. 원츠는 소비자들의 욕구나 감정적인 요구를 나타내며, 니즈는 소비자들의 필수적인 요구나 실질적인 필요를 나타낸다. 예를 들어, 누군가가 특별한 이벤트에 참석하기 위해 예쁜 의상을 사고 싶어 한다면, 이는 그들의 원츠에 해당한다. 그러나 기본적인 옷이 부족해서 새로운 옷을 구매해야 하는 경우는 니즈에 해당한다. 이러한 차이를 이해하고, 이에 맞게 제품이나 서비스를 제공하는 것이 중요하다.

라이브 커머스는 소비자들과 실시간으로 상호작용을 하며, 상품을 소개하고 판매하는 방식이다. 이러한 방식은 소비자들이 원하는 것(wants)과 필요한 것(needs)을 동시에 충족시킬 수 있는 좋은 방법이다. 그러나 단순히 상품을 소개하는 것만으로는 충분하지 않다. 성공적인 라이브 커머스를 위해서는 원츠에 동감하고 니즈에 공감하는 능력이 필요하다. 이제부터 원츠에 동감하고 니즈에 공감하는 방법과 그 중요성에 대해 알아보자.

원츠에 동감하고 니즈에 공감하는 마케팅 전략

라이브 커머스에서 원츠와 니즈를 동시에 충족시키기 위해서는 마케팅 전략을 잘 세워야 한다. 원츠는 소비자들의 욕구와 선호도를 의미하며, 니즈는 소비자들의 필요성과 요구사항을 의미한다. 예를 들어, 화장품 브랜드의 라이브 커머스 방송에서는 소비자들이 예쁘게 변신하고 싶은 원츠에 동감하며 제품의 매력과 효과를 강조하면서, 동시에 피부 문제를 해결해주는 니즈에 공감하는 마케팅 전략을 적용할 수 있다. 이를 통해 소비자들은 원하는 변신과 피부 개선을 동시에 이룰 수 있는 제품에 관심을 갖게 되고, 이것이 구매로 이어질 가능성이 높다.

고객들의 원츠와 니즈를 파악하기 위한 리서치

라이브 커머스에서 원츠와 니즈를 정확하게 파악하기 위해서는 고객들의 행동과 욕구를 조사하는 리서치가 필요하다. 예를 들면 패션 브랜드의 라이브 커머스 방송에서는 소비자들의 최신 패션 트렌드에 대한 원츠를 파악하고, 동시에 각 계절에 맞는 옷을 필요로 하는 니즈를 파악할 수 있다. 이를 위해 소비자들의 소셜 미디어 활동, 구매 패턴, 피드백 등을 분석하고, 고객들의 원츠와 니즈를 파악할 수 있는 데이터를 수집해야 한다. 그러면 우리는 정확한 타깃 마케팅을 수행하고, 소비자들의 관심과 니즈에 맞는 상품을 제공할 수 있다.

실시간 소통으로 소비자들의 요구와 욕구를 직접 파악

라이브 커머스에서는 소비자와의 상호작용을 통해 원츠와 니즈를 파악할 수 있다. 소비자들과의 실시간 채팅이나 댓글을 통해 소비자들의 요구와 욕구를 직접 파악할 수 있으며, 이를 바탕으로 제품이나 서비스를 개선하거나 새로운 아이디어를 도출할 수 있다. 또한 고객들의 피드백을 수집해 제품이나 서비스를 개선하고, 고객들의 만족도를 높일 수 있다.

상품 및 방송 콘텐츠의 다양성과 유연성

라이브 커머스에서 원츠와 니즈를 충족시키기 위해서는 상품의 다양성과 방송 콘텐츠의 유연성이 필요하다. 소비자들은 각기 다른 원츠와 니즈를 가지고 있으며, 이를 충족시킬 수 있는 다양한 상품과 방송 콘텐츠를 제공해야 한다. 예를 들어, 식품 브랜드의 라이브 커머스 방송에서는 다양한 종류의 음식과 요리 레시피를 소개하면서 소비자들의 다양한 식사 스타일에 맞는 원츠와 니즈를 공감해줄 수 있다. 또한, 방송 콘텐츠에는 상품의 특징과 사용법을 자세히 설명하는 영상과 고객들의 리뷰와 피드백을 공유하는 시간을 제공하고, 이벤트와 혜택을 제공하는 등 다양한 요소를 포함시켜야 한다. 이를 통해 고객들은 자신에게 맞는 상품과 콘텐츠를 찾아볼 수 있고, 자연스럽게 원츠와 니즈에 동감하고 공감할 수 있다.

방구석 노마드,
집 밖으로 행군하라

이번에는 집에서만 활동하는 방구석 노마드 쇼호스트가 집 바깥에서 방송하는 방법을 알아보고자 한다. 방송 플랫폼과 소셜 미디어의 발전으로 인해 라이브 커머스는 전 세계적인 트렌드로 자리 잡았다. 따라서 이 장에서는 점점 커져가는 라이브 커머스 시장에 대응해, 방송 환경을 넓힐 수 있는 방법을 자세히 알아보고자 한다. 성공적인 방송을 위해 필요한 팁과 실제 사례들을 통해 라이브 커머스의 효과적인 활용법을 배워 보도록 하자.

야외 이벤트에서의 라이브 커머스는 상품을 고객 앞에 직접 제시하고, 홍보하는 효과적인 방법이다. 예를 들면, 유명 패션 브랜드가 새로운 컬렉션을 발표하기 위해 도심의 유명 거리에 특별한 라이브 커머스 이벤트를 개최할 수도 있다. 이 이벤트에서는 모델이 실제로 판매하는 옷을 입고 방송하며, 고객들은 실시간으로 제품을 구매하고 상품에 대한 질문을 할 수 있다. 이런 방식으로 상품을 직접 보여주고 고객과 소통해, 라이브 커머스의 효과를 극대화할 수 있다.

스포츠 용품 브랜드 X는 최신 스니커즈 라인을 출시하기 위해 도시의 주요 스케이트보드 공원에서 라이브 커머스 이벤트를 개최했다. 이 이벤트에서는 프로 스케이터들이 새로운 스니커즈를 신고 공원을 타며 방송했고, 고객들은 실시간으로 상품을 구매하고 질문을 할 수 있었다. 이렇게 함으로써 해당 브랜드는 직접적인 상품 체험과 고객과의 소통을 통해 브랜드 인식과 판매를 크게 증가시킬 수 있었다.

또 다른 사례로, 라이브 커머스를 활용해 명소를 방문하고 상품을 소개할 수도 있다. 이것은 고객들에게 새로운 경험을 제공하고, 브랜드의 매력을 전달하는 좋은 방법이다. 음식 관련 브랜드라면 유명한 레스토랑을 방문해 현장에서 요리를 소개하고 판매할 수 있다. 이런 방식으로 고객들은 실제로 요리의 맛을 경험하고, 브랜드의 제품을 구매할 수 있는 기회를 갖게 된다.

건강식품 브랜드 Y는 유명한 요가 스튜디오를 방문해 건강 관련 제품을 소개하는 라이브 커머스를 개최했다. 요가 강사와 함께하는 라이브 커머스에서는 제품의 재료와 효과를 설명하고, 실시간으로 요가 수업을 진행했다. 이를 통해 해당 브랜드는 건강한 라이프스타일과 제품의 효과를 고객들에게 생생하게 전달하고, 실제로 제품을 구매하도록 유도할 수 있었다.

마지막 사례는 협력사외의 협업을 통한 라이브 커머스의 확장이다. 이는 서로의 고객층을 넓히고 긍정적인 시너지 효과를 내는 좋은 전략이다. 패션 브랜드라면 유명 화장품 브랜드와 함께 제품을 소개하고, 판매하는 라이브 커머스 이벤트를 개최할 수도 있다. 이 이벤트에서는 패션 브랜드의 옷을 입은 모델이 화장품을 사용하며 시연할 수 있고, 고객들은 옷과 화장품을 동시에 구매할 수 있는 혜택을 얻을 수 있다.

홈 인테리어 브랜드 W의 경우에는 인테리어 디자인 회사와 협력해서, 실시간으로 집 꾸미기 방송을 진행하는 라이브 커머스를 개최했다. 이 방송에서는 디자이너가 실제로 인테리어를 하며 제품들을 소개하고, 고객들은 디자인 서비스와 제품을 함께 구매할 수 있는 기회를 갖게 됐다. 이를 통해 브랜드 W는 고객들에게 매력적인 상품과 솔루션을 제공하고 매출을 크게 늘릴 수 있었다.

　지금까지 야외 이벤트, 명소 방문, 협력사와의 협업 등을 통해 방구석 쇼호스트들이 집 밖에서 라이브 커머스를 성공적으로 개최하는 방법에 대해 알아봤다. 라이브 커머스는 실시간 소통과 상품 체험을 통해 고객들에게 새로운 경험을 제공하고, 브랜드의 매력을 전달할 수 있는 강력한 도구다. 여러분도 이러한 방법들을 가지고 라이브 커머스를 효과적으로 활용해보시길 바란다. 성공적인 방송과 판매를 통해 새로운 성과를 이루어 보자.

실수를 없애는
큐시트 작성 팁

이 파트에서는 큐시트 작성 팁을 배우기 위해 우선 2가지 준비물이 필요하다. 바로 상품에 대해 적어둔 블로그 기록과 큐시트를 작성할 종이 1장이다.

방송에는 대본이 필요하다. 예능, 다큐, 교양 프로그램 할 것 없이 하나의 방송이 탄생하기 위해서는 사전에 대본이라는 가이드를 제작한다. 다른 말로는 '콘티'라고도 하는데, 여기에는 장면마다 대사는 기본이고 촬영 각도 및 소품, 의상, 움직임까지 세세하게 적혀 있다.

라이브 방송에서 콘티의 역할을 하는 것이 바로 '큐시트'다. 콘티와 같은 의미지만, 이 업계에서는 통상적으로 '큐시트'라는 명칭으로 불린다. 라이브 커머스를 하기 위해서는 필수로 큐시트를 작성할 줄 알아야 한다. 이 큐시트라는 것을 어떻게 작성해야 할까? 지금부터 그 방법을 공개하려 한다.

뒤에 다시 이야기하겠지만, 셀러는 기본적으로 나의 모든 기록을 적는 플랫폼이 필요하다. 그리고 그 역할을 하는 것이 바로 블로그다. 나는 블로그를 활용해 먹고살았다고 해도 과언이 아닐 정도로, 블로그로 정말 많은 이득을 봤다. 엑셀로 기록을 작성하는 경우도 있지만, 나중에 다시 참고하고 언제 어디서든 꺼내 보는 데에 용이한 것은 확실히 블로그였다.

라이브 커머스 큐시트 작성법은 어렵게 생각하면 한도 끝도 없다. 언제나 쉽고, 간결하게 작성하라. 그리고 키포인트를 잡아주는 용도로 생각하고 작성해야 한다. 큐시트에 시간을 너무 쏟으면, 시작은 거창하지만 막상 방송에 들어가서 에너지가 다 고갈되어 실제 텐션을 내기 쉽지 않다. 기본적으로 1시간 방송할 때, 15분을 기준으로 4회를 반복한다고 생각하면 좋다. 쉽게 말하면, 15분을 한 사이클이라고 생각하는 것이다. 방송 동안 하는 멘트와 콩트, 상품 소개, 스토리텔링을 15분 분량으로 짜기만 하면 1시간은 방송할 소스가 생긴다.

하지만 생방송을 진행하다 보면, 반드시 내 생각대로 흘러가지는 않는다. 라이브 커머스의 특징이 무엇인가. 바로 고객과 실시간으로 소통하는 것이다. 큐시트를 아무리 정성스레 작성해도, 중간에 고객의 질문이나 돌발 상황에 대처해야 하는 일이 생긴다. 그럴 때를 대비해 돌발 상황의 멘트를 미리 염두에 두고 방송하는 것이 좋다. 또, 고객이 어떤 질문을 할지 미리 예상해서 질문 리스트를 만들고, 그에 대한 답변을 미리 적어 보는 것도 좋은 방법이다. 큐시트를 아무리 완벽하게 작성할지라도 고객이 절대 '아, 저 쇼호스트 큐시트 한 번 잘 만들었네'라고 알아주지 않는다. 실제로 가장 중요한 것은 판매를 하는 셀러, 즉 쇼호스트가 얼마나 상품에 대해 많이 알고 있고 공부를 했는가다. 그 공부의 토대가 바로 큐시트가 되는 것이기 때문에, 방송스케줄이 정해지면 가장 먼저 큐시트를 작성해야 한다.

큐시트를 작성할 때 처음 염두에 둬야 할 것은 바로 '이 상품을 누구에게 팔 것인가'이다. 타깃을 잡는 것인데, 실제로 방송을 해보면 타깃층이 명확한 방송이 판매 성과도 높다는 것을 알게 된다. 타깃층에 따라 방송 시간대도 결정되기 때문에, 타깃의 중요성은 아무리 강조해도 지나치지 않는다.

다음은 큐시트를 작성할 때의 예시로, 2021년 코로나가 한창 기승을 부릴 때 판매했던 덴탈 마스크 상품에 관해 작성했던 것이다. 덴탈 마스크는 당시 남녀노소 모든 연령층에게 필요한 생필품이었기 때문에, 시간대에 따라서 타깃층을 달리 설정해서 작성을 해봤다. 서식과 폼은 자신만이 알아볼 수 있는 형식으로 자유롭게 작성하되, 아래 기재된 요소들을 꼭 포함해 작성하길 추천한다.

분량은 A4용지 1장을 넘지 않는 선에서 제작하는 것이 좋다. 그리고 소구점을 작성할 때는 구구절절 쓰기보다는 키워드 위주로 짧고 간단하게 작성하는 것을 추천한다. 이렇게 작성해 방송 전까지 가지고 다니면서 외울 정도로 숙지한다면, 1시간을 알차게 방송할 수 있을 것이고, 할 말이 막히거나 갑자기 찾아오는 정적을 사전에 막을 수 있을 것이다.

상품명	맑은숨 덴탈 마스크	방송일정	2021.11.10. 수요일. 13:00~14:00 (60분)
타깃층	대상 : 40대 중반 전업주부. 옵션 : 초등학생 & 중학생 아이 둘, 40대 후반 남편, 70대 양가 부모님.		
오프닝	– 인사 – 쇼호스트 소개 – 날씨 환기 – 방송할 상품 소개 및 주된 필요성 어필		약 1~2분
한 사이클 (제품 소구점)	– 국내 생산 마스크 – 패션 아이템으로 활용 – KF90마스크에 비해 덴탈 마스크가 좋은 점 – 사용 예시(운동, 산책, 사무실 등의 실내) – 국내 J항공사에서 선택한 임직원용 마스크 – 넉넉한 마스크 사이즈(17cm×10cm) – 길이가 긴 코 지지대의 장점 – 잘 끊어지지 않는 끈 – 비말차단, 방수 기능(방수 시연) – N포탈 스토어에서 3개월에 10만 장 판매 – 5가지 컬러 보유, 컬러별 설명(착용 시연) – 가격 어필(1장당 100원 꼴) – 묶음 상품 무료배송 안내 – 이벤트 안내 – 1박스 당 50매, 부담 없이 오래 쓸 수 있음 – 화이트 컬러는 KF AD 인증 마스크 – 고객 문의에 답변(소통)		약 15분
클로징	– 마무리 – 요약 – 쇼호스트 인사(자기 PR) – 다음 방송 예고 – 인사		약 1~2분

(출처 : 저자 제공)

라이브 커머스 마케팅 레시피 3가지
① 블로그

라이브 커머스에 뜻이 있다면, 무조건 '블로그'부터 시작하라고 말해주고 싶다. 왜냐하면, 네이버는 국내 1위의 대형 포털이고, 예전만큼의 영향력은 없다고 해도 아직까지 많은 사람들이 블로그 후기를 참고하기 때문이다. 또한 블로그는 여타 SNS에 비해 담을 수 있는 정보의 양이 많다. 블로그만큼 한 주제의 콘텐츠에 사진과 글을 원하는 대로 담을 수 있는 콘텐츠는 흔치 않다.

인스타그램을 예로 들어 보자. 인스타그램에 올릴 수 있는 사진은 최대 10장이다. 콘텐츠를 만드는 데 준비한 사진 수가 15장 정도라고 하면, 최소 5장은 줄여서 10장을 추려야 한다. 그리고 담을 수 있는 글자 수도 한정적이다. 나도 예전에 상품 후기를 올리려다 글자 수 제한에 걸려 몇 시간에 걸쳐 문장을 다듬었던 기억이 있다. 하지만 블로그는 다르다. 블로그는 글자 수에 제한이 없고, 사진도 비교적 자유롭게 올릴 수 있다. 따라서 현재 주된 SNS 중 공부 혹은 기록용으로는 네이버 블로그가 최고의 수단이라고 생각한다. 블로그에 나만의 글을 쌓다 보면, 자연스레 방문자가 늘어나게 되고 타 블로거와 소통이 가능해지며, 결과적으로 블로그를 통해 퍼스널 브랜딩이 시작된다. 파워블로거가 된다면 물론 좋겠지만, 그 단계에 도달하기 위해서는 어쨌거나 블로그를 시작하는 것이 먼저다. 시작이 반이니, 본인의 공부와 퍼스널 브랜딩을 위해서는 일단 블로그를 개설하자.

우리는 퍼스널 브랜딩이 필수인 시대에 살고 있다. 더 이상 회사가 내 인생을 책임지지 않는다는 사실을 알게 되면서, 너도나도 온라인에 자기만의 집 짓기를 열중하고 있다. 나는 2014년부터 블로그를 시작했다. 처음에는 일기장 쓰듯이 기록용으로 활용했다. 그러다가 약 1만 명이 방문하는 거대한 파워블로거가 됐고, 나중에는 광고수익으로 월 500만 원 이상을 벌었다. 그리고 첫 책을 집필하는 데에도 블로그 메모장을 활용했다. 제목과 목차가 확정된 후 꼭지별로 게시글을 만들어 살을 붙이며 수정해나갔다. 그러다 보니 확실히 원고를 빨리 마무리할 수 있었다. 나 또한 실제로 경험했던 사례가 있었기에, 개인 SNS를 만들어 퍼스널 브랜딩을 시작하기를 강하게 권유한다. 그리고 그 시작으로는 역시나 블로그를 적극 권장한다. 그러면 지금부터 3개 챕터에 거쳐 블로그, 인스타그램, 유튜브 각각 채널의 특징과 장단점을 알아보자.

네이버의 새로운 검색 알고리즘인 씨-랭크(C-Rank)가 도입되기 전에, 나는 나만의 블로그 유입경로를 정리한 데이터가 있었다. 그리고 그 데이터에 의하면 네이버의 노출 지수에 큰 영향을 주는 요소는 블로그 체류시간과 스크랩 수였다. 과거 광고업계 종사자들은 이에 맞는 어뷰징(abusing) 방법을 찾아내, 비정상적으로 블로그 유입이나 게시글 클릭 수를 높였다. 이렇게 규칙을 악용하는 업자들이 증가하자, 네이버는 더 복잡하고 판별하기 어려운 로직을 계속해서 만들어냈다.

네이버에는 '키워드'라는 것이 있고, 인스타그램에는 '해시태그'라는 것이 있어서, 상위노출이 그 단어들을 통해 결정된다. 모든 채널이 로직의 큰 틀은 비슷하고 지향하는 컨셉이 조금씩 다른 것이기 때문에, 네이버 로직을 잘 연구해놓으면 인스타그램 로직을 파악하는 것도 쉬워진다. 여러분이 개인 블로거든, 기업 브랜드 블로그를 운영하든, 자영업자든 간에 모두에게 적용되는 지침 1가지는 기본적으로 네이버 검색 로직의 큰 틀을 숙지하고 있어야 한다는 것이다. 채널에서 만든 알고리즘을 이해하고 그 채널의 비위를 맞춰준다면, 어느 정도 원하는 결과를 얻을 수 있다.

이제 본격적으로 블로그 체류시간을 늘리는 방법에 대해서 알아보자.

1. 규칙적인 폼에 맞춘 섬네일(Thumbnail)을 제작하라

소개팅 좀 해봤다는 사람들은 알 것이다. 친구가 "소개팅 할래?"라고 묻는 질문에 바로 본능처럼 튀어나오는 대답은 "예쁘냐?"이다. 그만큼 외모, 즉 첫인상을 중요하게 생각한다는 뜻이다. 그것은 포스팅에서도 똑같다.

사람은 시각에 약한 동물이기 때문에 글보다는 그림에 먼저 시선이 가기 마련이다. 따라서 포스팅에서 가장 먼저 보는 것은 '제목'이 아니라 '섬네일'이다. 섬네일은 콘텐츠별로 볼 수 있는 미리보기 이미지로, 보는 사람의 이목을 끌도록 만드는 것이 중요하다. 그래서 나 또한 '섬네일에 혼신을 쏟아라'를 강조하는 것이다.

그 블로그의 첫인상을 결정짓는 것이 바로 질서 정연하게 제작된 섬네일이다. 사람은 시각에 약한 동물이고, 질서 정연한 것을 좋아한다. 그래서 섬네일이 잘 정돈된 블로그에 먼저 시선이 가는 것도 어쩔 수 없는 일이다. 그럼 누군가는 이렇게 질문할 것이다.

"저에게는 섬네일 제작이 너무 어려워요. 어떻게 잘 만드나요?"

그렇다면 섬네일을 매력적으로 만들 수 있는 방법, 3가지를 알아보자.

(1) 포토샵 없이 섬네일을 만들 수 있는 사이트를 활용하라

포토샵 없이 섬네일을 만들 수 있는 툴은 크게 3가지로, 미리캔버스(MiriCanvas), 캔바(Canva), 그리고 포토스케이프(PhotoScape)가 있다. 미리캔버스와 캔바는 결이 같은 디자인 툴로, 다양한 테마의 디자인 틀과 이모티콘, 디자인 요소, 폰트를 제공한다. 캔바의 경우 월 14,000원이면 자유롭게 프리미엄 서비스를 이용할 수 있고, 미리캔버스 또한 유료 구독을 통해 기본 제공되는 것 외에 더 다양한 디자인 툴과 서비스를 이용할 수 있다. 마지막으로 포토스케이프는 간단한 이미지 이어 붙이기 및 편집, 사이즈 조정에 유용한 프로그램이다. 포토스케이프는 미리캔버스와 캔바처럼 콘텐츠를 생성하는 용도라기보다, 기존 이미지를 간편하게 편집할 수 있는 도구라고 봐야 한다. 용량이 큰 이미지의 용량을 줄이거나, 분할사진이 필요할 때 사용하면 편리하다.

(2) 눈길을 끄는 제목을 섬네일에 삽입하라

다음으로는 섬네일에 어떤 내용을 넣을 것인가에 관한 내용이다. 결론적으로 말하면, 섬네일에는 포스팅의 주제를 대표하는 키워드 2~3개를 넣어, 짧고 강력한 제목을 삽입하는 것이 좋다. 예를 들어, 김치찌개 전문점 A와 B가 있다고 가정하자. 메뉴판에 적힌 문구는 다음과 같다.

① A가게 : 김치찌개 9,000원
② B가게 : 돼지김치전골 1인분 9,000원(1인분도 주문 가능)

본질은 같은 메뉴라고 할지라도 이름에 따라 주문하고 싶은 메뉴가 되기도 하고, 눈에 띄지 않는 메뉴가 되기도 한다. 요는, 예시와 같이 눈길을 사로잡는 제목을 사진에 적어 섬네일을 만드는 것이 중요하다는 것이다. 포스팅 제목을 구구절절하게 작성해도, 가장 눈이 가는 것은 섬네일 속의 흰 글자다. 폰트는 되도록 굵고, 가독성이 좋은 고딕 계열의 폰트를 사용하는 것이 좋다.

(3) 감성을 자극하면서도, 콘텐츠 주제를 가장 잘 나타내는 이미지를 선택하라

사람은 본능적으로 귀엽고, 예쁜 것에 먼저 시선이 간다. 그 속성을 가장 잘 품고 있는 주제가 바로 예쁜 여성, 동물, 아기다. 이 외에도 예쁜 풍경이나 여행 사진도 좋다. 외모에 자신이 있는 블로거라면 본인의 사진을 섬네일에 포함시키는 것도 좋은 방법이다.

같은 제품 리뷰를 하더라도, 예쁜 여성이 제품을 들고 있는 사진과 제품만 찍어놓은 사진은 확연한 차이가 있다. 혹시 위의 범주 중 주제와 연관되는 사진이 없다면, 배경지와 함께 깔끔하게 찍은 제품 사진을 사용해 통일감을 주는 것도 좋다. 나는 저 3가지 카테고리에 조금이라도 해당되는 포스팅이 있으면 무조건 섬네일 사진을 여성, 동물, 아기 중 골라 사용하고 있다. 일명 시강(시선강탈)이라고 한다. 비슷한 주제의 콘텐츠에서 시선강탈이 가능한 사진을 섬네일로 썼을 때와 아닐 때의 조회수를 비교 분석해보기를 바란다. 분명 위의 요소를 사용했을 때 조회수가 더 높다는 것을 확인할 수 있을 것이다.

2. 블로그의 내용과 사진은 본인이 창조적으로 작성 및 제작한 것을 사용하라

(1) 인공지능 챗봇을 활용해 글을 쓰는 꿀팁

요즘은 AI로 글을 쓰는 시대다. 하지만 무조건 AI가 쓴 글을 복사+붙여넣기 하면 자신만의 콘텐츠가 아닐뿐더러, 블로그 지수에 좋은 영향을 주지 않는다. AI 챗봇의 정보를 참고하되, 검색해서 나온 내용을 각색해 나만의 말투와 언어로 사용하는 것이 좋다. AI가 제공한 정보에 나의 경험을 섞어서 글을 써라. 예를 들기 위해 대표적인 AI 챗봇 챗지피티(Chat GPT)와의 대화 내용을 가져와봤다.

Q. 스페인의 론다를 여행했던 여행기를 쓰려고 하는데, 론다 지역에 관해 설명해줘

[챗지피티 답변]

론다는 스페인의 안달루시아 지역에 위치한 아름다운 도시로, 그 독특한 지형과 역사적인 가치로 유명합니다. 론다는 아름다운 경치와 문화적인 풍부함을 자랑하며, 많은 여행자들에게 인기 있는 목적지 중 하나입니다. 이제 론다에 대해 좀 더 자세히 알아보겠습니다.

1. 지리적 위치 : 론다는 안달루시아 지역의 말라가 지방에 위치하며, 스페인의 남부에 있습니다. 말라가에서 차로 약 1시간 정도 거리에 있어, 안달루시아 지역을 여행하는 많은 관광객들이 론다를 방문합니다.

2. 특이한 지형 : 론다는 그림 같은 지형으로 유명합니다. 도시는 큰 협곡 위에 자리 잡고 있으며, 그 협곡은 'Tajo de Ronda' 또는 '론다 협곡'으로 알려져 있습니다. 협곡은 깊고 아름다운 강 'Guadalevin'에 의해 깎여져 있으며, 협곡 양쪽에 있는 고요한 도시를 연결하는 다리가 있어 환상적인 경치를 제공합니다.

3. 자연 경관 : 론다 주변에는 자연 경관이 풍부합니다. 협곡을 따라

하이킹을 즐기거나, 인근의 자연 공원에서 풍경 사진을 찍을 수 있습니다.

론다는 그 독특한 지형과 역사적인 가치, 플라멩코 문화, 그리고 아름다운 자연 경관으로 많은 여행자들에게 매력적인 여행지로 자리 잡고 있으며, 안달루시아 지역을 탐험하는 여정에서 빠질 수 없는 목적지 중 하나입니다.

[각색한 글]

저는 2017년에 유럽 한 달 여행을 하고 왔는데요, 포르투갈, 스페인, 이탈리아 세 나라를 여행하던 중 가장 인상 깊었던 스페인의 론다 지역에 대해서 알려드릴게요. 론다는 스페인의 안달루시아 지역에 있는 작은 마을이며, 말라가와 가깝기 때문에 두 여행지를 같이 여행하는 분들이 많답니다(물론 저도 그랬고요). 론다는 자연이 만들어낸 협곡지형인데, 협곡 양쪽 도시를 연결하는 누에보 다리가 론다를 여행하는 이유의 8할이라고 봐도 무방해요. '론다는 누에보가 전부다'라는 말도 있듯이, 그 누에보 다리의 임팩트가 너무 커서 아직까지 눈에 아른거릴 정도니까요. 론다 주변에는 자연 경관이 풍부해서, 협곡을 따라 하이킹을 즐기거나 인근의 자연 공원에서 멋진 사진을 찍을 수도 있답니다.

(2) 내 스마트폰에서 관련 있는 사진들끼리 모으기

내가 블로그를 처음 시작한 계기는 우습게도 스마트폰의 용량을 줄이기 위함이었다. 그를 위해 사진을 블로그에 옮겨 스토리텔링 하다 보니, 나는 어느새 거대한 파워블로거가 되어 있었다.

네이버는 네이버 블로그 어플을 따로 제공하고 있다. 나는 이 어플로 바로바로 관련된 사진을 모아서, 동영상과 함께 게시글을 올려 저장을 해둔다. 그 후에 PC로 접속해 섬네일을 제작하고, 이야기에 살을 덧붙여 발행하는 것이다. 나는 일상의 모든 것을 포스팅하는 것이 즐겁고, 또 버릇이 되어 있다. 처음에는 어렵더라도 하다 보면 여러분들도 포스팅 활동을 즐기게 될 것이다. 대중교통을 타고 이동하는 시간에 어플에 사진을 올려두는 것도 좋다. 이렇게 하면 자주 포스팅을 하면서, 휴대폰 용량도 아끼는 일석이조의 효과를 얻을 수 있다.

(3) 돈 주고 사 볼 만한 필터 어플 추천

이것은 블로그를 쓰는 사람뿐만 아니라, 인스타그램을 하는 사람에게도 적용되는 이야기다. 가장 쓸 만한 유료 사진 어플로 나는 '캐럿(carat)'을 추천한다. 비용은 조금 들지만 원본사진을 색다르고 포근한 느낌으로 바꿔주기 때문에 애용하는 어플 중 하나다. 캐럿 어플 내에서도 가장 잘 쓰고 있는 필터는 '아이폰xs색감'과 '크리미홈 (Creamy Home)' 2가지 필터다.

3. 포스팅 마무리에 유관 콘텐츠 링크를 삽입하라
(1) 사업자가 포스팅 마무리에 꼭 삽입해야 할 링크

세 번째가 이 챕터의 가장 핵심적인 내용이다. 블로그에 들어갔을 때, 유저들은 원하는 정보만 쏙 챙겨서 해당 페이지를 이탈한다. 그런데 내가 앞에서 블로그에 중요한 요소 중 하나가 바로 '체류시간'이라고 말한 바 있다.

블로그 글을 하나만 보게 하는 것이 아니라, 다른 내용도 보고 또 보게 하기 위해서는 포스팅을 마무리할 때 내 블로그 내의 다른 글을 꼭 링크로 걸어야 한다. 사업을 하는 사람이라면 꼭 그 사업에 관한 링크를 클릭해서 볼 수 있도록 유도해야 한다. 그 예시로 내가 예전에 가이드 했던 파티룸의 공식블로그 글의 링크를 큐알 코드로 남겨두겠다.

(출처 : 저자 제공)

(2) 일반 블로거가 포스팅 마무리에 꼭 삽입해야 할 링크

사업자나 브랜드 블로그가 아니라 일반 블로그로 운영하고자 한다면, 자신이 밀고 있는 가장 큰 범주의 주제가 있을 것이다. 그렇다면 포스팅의 마무리에는 자신 있는 주제에 대한 포스팅 중 가장 재미있고, 유저들이 관심 가질 만한 콘텐츠의 링크를 꼭 삽입해야 한다.

(3) 사업자, 브랜드, 일반 블로거 모두에게 추천하는 포스팅 마무리 방법

마지막으로 사업자와 브랜드, 일반 블로거 모두에게 하단의 이미지와 같은 배너를 삽입하기를 권한다. 이런 식의 이미지는 유저들이 깜빡하고 잊을 수도 있는 공감과 댓글을 유도할 수도 있고, 블로그를 다시 한번 돌아보게 하는 효과를 낸다.

(출처 : 저자 제공)

라이브 커머스 마케팅 레시피 3가지
② 인스타그램

인스타그램은 2010년에 출시된 SNS로, 현재는 우리 사회에서 가장 중요한 SNS 중 하나로 성장했다. 요즘은 개인 사업을 하시는 분들이나 자영업을 하시는 분들 모두 마케팅을 하라고 하면, 가장 먼저 '인스타그램'부터 생각한다. 따라서 이번 파트에는 인스타그램 마케팅을 시작할 때 알아야 할 것들과 계정을 망가뜨리지 않고 팔로워를 모을 수 있는 가장 빠른 방법에 대해 알아보고자 한다.

기존에 SNS 운영을 해봤던 분들이 아니라면, 인스타그램 또한 어디서부터 시작해야 하는지 막막할 것이다.

"아이디를 생성하긴 했는데, 콘텐츠는 어떻게 만들어야 하지?"

"해시태그는 어떤 것을 넣어야 하지?"

"팔로워는 어떻게 늘려야 하지?"

인스타그램 마케팅이라는 숙제 앞에 느낌표가 없고, 수많은 물음표만 떠오를 것이다. 물론 그 숙제에 정답은 없지만, 내가 쌓아온 경험과 데이터에 의하면, 인스타그램 마케팅의 해결 키워드 3개는 바로 이것이다.

1. 톤 앤 매너
2. 스토리텔링 주제 선정
3. 팔로워 확장 전략

1. 톤 앤 매너

톤 앤 매너는 인스타그램 마케팅에서 핵심적인 역할을 한다. 인스타그램 채널은 시각적으로 볼 때, 감수성과 분위기 있는 SNS를 지향하기 때문이다. 피드가 정사각형의 일정한 바둑판 모양인 것만 봐도 알 수 있다. 당신의 콘텐츠가 어떤 톤 앤 매너로 전달되는지에 따라, 팔로워들의 반응과 브랜드 인식이 크게 바뀔 수 있다. 다음은 톤 앤 매너를 잡는 방법에 대한 몇 가지 조언이다.

(1) 타깃층 이해

내가 타깃으로 하는 부류와 연령, 직업군들의 성향을 잘 파악해야 한다. 예를 들면 식당을 운영하고 있는데, 인스타그램 채널을 파란색톤을 사용해 꾸민다면 식욕이 확 떨어지는 효과를 줄 것이다. 콘텐츠 내용상 어쩔 수 없이 여러 컬러를 쓸 수밖에 없다면 그대로 자료를 올리기보다, 같은 필터를 공통적으로 적용시키거나, 브랜드 컬러를 이용해 배경이나 틀의 톤을 맞춰 통일성 있는 게시물을 올리는 것을 추천한다. 해당 컬러를 정할 때에도 타깃층에 대한 이해를 바탕으로 하는 것은 필수다.

(2) 일관성 유지

콘텐츠는 무한대로 만들 수 있지만, 여러 컬러가 중구난방으로 들어가 첫인상에 어지러운 느낌을 주면, 사용자 입장에서는 해당 계정에 머무르고 싶은 욕구가 생기지 않는다. 보통 사람들은 질서 정연하고 반복되는 패턴을 좋아한다. 그렇기 때문에 2~3가지 컬러의 브랜드톤을 설정해 퐁당퐁당 반복적으로 업로드 하거나, 3개씩 순서대로 업로드를 해서 일정한 규칙에 맞추면 좋다. 이는 보는 사람으로 하여금 시각적으로 편안함을 주고, 고객에게 좋은 인상을 어필할 수 있다. 브랜드톤을 잡기 어렵다면, 구글에서 '인스타그램 컬러 팔레트(Instagram color palette)'를 검색하거나, '무드보드(Moodboard)'를 검색해 다른 사람들의 자료를 참고하는 것도 좋은 방법이다.

(3) 브랜드 속성 강조

브랜드톤을 정할 때는 브랜드의 핵심 속성을 강조하는 톤을 사용하는 것이 좋다. 이를 '브랜드 컬러톤'이라고 한다. '맥도날드(Mcdonald)'를 생각하면 여러분은 무슨 컬러가 떠오르는가. 자연스럽게 빨간색과 노란색이 떠오를 것이다. '스타벅스(Starbucks)'는 어떤가. 당연히 초록색이 떠오른다. 이런 식으로 내 브랜드를 대표하는 컬러톤 2~3가지를 정해 피드에 반복적으로 노출하는 것이 브랜딩에 도움이 된다.

2. 스토리텔링 주제 선정

인스타그램은 한 피드에 10개의 이미지 혹은 동영상을 넣어 마케팅할 수 있기 때문에, 쉽게 팔로워를 모을 수 있을 것이라고 생각하기 쉽다. 하지만 게시물을 많이 올리는 것을 넘어, 이 피드와 피드들이 모여서 '팔로우하고 계속 보고 싶은 계정'으로 만드는 것이 마케팅의 핵심이다. 그래서 스토리텔링으로 쭉 연재할 수 있는 콘텐츠의 주제를 잡는 것이 중요하다.

운동센터 사업이라면 '몸매가 변하는 과정'을 시리즈로 연재할 수 있고, 법률사무소라면 '법률 관련 실제 사례 웹툰'을 연재할 수 있다. 내가 원하는 타깃층이 다음 콘텐츠가 궁금해서 계정을 팔로우할 수밖에 없도록 만드는 것이다. 적은 게시글로도 수십만 팔로워를 보유한 인스타그램 계정 중에는 운동하는 여성의 계정이나, 의뢰받는 시점부터 사건해결 시점까지의 법률사건 스토리를 만화로 각색해 큰 호응을 받는 계정들이 있다. 이와 같은 계정의 특징은 '스토리텔링'이 가능해 유저로 하여금 게시물을 계속 보고 싶게 만든다는 것이다. 라이브 커머스 쇼호스트라면 주기적으로 다음 방송을 예고하는 콘텐츠를 올리는 것도 좋은 방법이라고 할 수 있다.

3. 팔로워 확장 전략

마지막으로 인스타그램은 상호교류적 성격이 강한 SNS채널이다. 그렇기 때문에 소통지수를 굉장히 중요하게 생각한다. 그렇다면, 어떻게 팔로워를 1만 명까지 가장 빠르게 모을 수 있을까? 유감이지만, 팔로워를 1만 명 모으고 싶다면 꾸준히 타깃층 유저에게 찾아가 소통하고, 댓글과 맞팔로우를 통해 팔로우를 늘리는 것이 가장 빠른 방법이다.

팔로우가 많은 계정이 인기게시글에 노출이 잘되고, 좋아요 수를 많이 받은 계정이 타깃층에게 더 많이 노출되듯이 인스타그램 마케팅의 기본은 '타깃층 팔로워를 건강하게 모으는 것'이다. 크몽이라는 마케팅 어플을 보면 팔로워를 늘려준다든지, 아이디와 비밀번호 없이도 계정주소만 알면 하루 만에 1만 명의 팔로워를 늘려준다는 상품들이 많다. 하지만 계정을 건강하게 지속적으로 운영하고 싶다면, 절대 이런 방식으로 팔로워를 구매하면 안 된다. 인스타그램은 비정상적인 운영 방식의 계정이 감지되는 순간, 그 계정에 제한 조치를 내린다. 심하면 아예 정지를 당하거나, 인기게시글에 절대 노출이 되지 않는 섀도밴(shadow ban)을 당하기 십상이다. 팔로워를 확장하는 것은 인스타그램 마케팅의 주요 목표 중 하나다. 하지만 단순히 숫자만 높이는 것이 아니라 건강한 팔로우 관계를 구축해야 한다. 이렇게 일일이 팔로우를 모으는 것이 힘들다고 생각될 때, 다음을 기억하라.

(1) 유용하고 흥미로운 콘텐츠

앞에서도 언급했듯, 팔로워에게 가치 있는 콘텐츠를 제공하라. 정보, 엔터테인먼트, 교육 등 다양한 측면에서 그들의 관심을 유발하는 내용을 제공하면 더 많은 사람들이 다음 콘텐츠를 보기 위해 당신의 계정을 팔로우하고 싶을 것이다.

(2) 해시태그 활용

관련성 있는 해시태그를 사용해 콘텐츠를 노출시켜라. 이를 통해 인기게시물에 내 계정의 콘텐츠가 뜰 확률이 높아지고, 새로운 사람들이 당신의 콘텐츠를 발견할 기회가 늘어날 것이다.

(3) 콘테스트와 이벤트

팔로워에게 참여 기회를 제공하는 콘테스트나 이벤트를 주최하라. 물론 참여조건에 '팔로우 필수'라고 명시하는 것을 잊어서는 안 된다. 팔로우와 함께 친구를 태그하게끔 유도하는 것도 팔로워를 늘리는 좋은 방법이 될 수 있다.

인스타그램 마케팅을 잘하는 것은 이처럼 브랜딩, 효과적인 톤 앤 매너 구축, 팔로워 확장 전략의 실행에서 시작된다. 타깃층의 관심을 끌고 브랜드 인식을 높이기 위해 적절한 톤 앤 매너를 선택하며, 팔로워와의 유기적인 상호작용을 통해 건강한 팔로우 관계를 형성해야 하는 것이다. 세상에 공짜로 얻어지는 것은 없다. 요행으로 얻은 것은 그만큼 빠르게 무너진다. 처음부터 탄탄한 벽돌로 쌓은 집이 견고하듯, 기반을 잘 다지는 것이 인스타그램 마케팅에서 가장 중요하다. 이러한 원칙을 준수하면 인스타그램을 효과적으로 활용해, 브랜드의 성장과 함께 온라인 커뮤니티의 장을 형성할 수 있을 것이다.

라이브 커머스 마케팅 레시피 3가지
③ 유튜브

유튜브 또한 앞선 블로그, 인스타그램과 같이 퍼스널 브랜딩을 하고자 하는 사람이라면 무조건 시작해야 하는 채널로 인정받고 있다. 알고리즘을 통해 내가 원하는 콘텐츠를 바로 접할 수 있기 때문에, 요즘 MZ세대는 궁금한 것이 생기면 바로 유튜브에서 검색을 하기도 한다. 특히 한류를 이끈 '싸이'와 '방탄소년단'은 유튜브의 특혜를 톡톡히 본 대한민국 아티스트기도 하다.

유튜브는 세계에서 가장 큰 검색엔진인 구글을 기반으로 한 플랫폼이다. 유튜브를 시작하고자 하면 먼저 구글 계정을 생성해야 하는 것만 봐도 둘의 연관성을 알 수 있다. 구글은 사용자에게 '알고리즘'의 원리를 바탕으로 정보를 제공하는데, 그래서 개인 브랜딩을 할 때에 내가 잘할 수 있고, 가장 관심 있는 분야의 콘텐츠를 올리는 것이 좋다.

유튜브는 동영상 콘텐츠 플랫폼으로 시청자들에게 시각·청각적으로 다가간다. 또한 러닝타임이 긴 영상도 제공할 수 있어 많은 정보를 담아내고, 시청자들의 흥미만 유발한다면 주의를 길게 끌 수 있다는 특징이 있다. 광고, 스폰서, 제품 리뷰 등을 통해 직간접적으로 수익을 창출할 수도 있으며, '커뮤니티' 기능을 통해서는 내 채널의 구독자와 활발한 소통과 상호작용을 하며 우리만의 문화를 만들 수 있다는 장점이 있다.

이렇게 다양한 특징과 장점이 있는 플랫폼이지만, 이를 통해 마케팅을 하려면 몇 가지 번거로움을 감수해야 한다. 다음 예시를 통해 자신이 이 수고로움을 감수하면서도 유튜브 마케팅을 할 수 있을지 한번 생각해보기를 바란다.

우선 유튜브 채널을 운영하기 위해서는 필수로 동영상 제작과 편집을 시작해야 한다. 많은 사람들이 하고 있지만 제작 및 편집에는 스킬과 물리적인 시간이 필요하다. 또한 영상을 제작하기 위한 장비나 프로그램을 갖추는 데에 시간과 물질적 투자가 필요하다는 것 또한 염두에 둬야 한다. 두 번째는 경쟁력의 문제다. 유튜브는 많은 창작자들이 활동하는 플랫폼으로 경쟁이 아주 치열하다. 이 시장에서 자리 잡기 위해서는 콘텐츠의 퀄리티와 창의성이 필수다. 마지막은 알고리즘에 대한 이해와 변화에 대한 노출이다. 유튜브의 알고리즘은 계속해서 변화하고, 우리는 그에 대응해 시청자를 유입시키기 위한 전략을 짜야 한다. 알고리즘은 가장 중요한 유입과 조회수에 영향을 미치기 때문이다.

　이런 것들을 다 이겨내고도 유튜브에서 퍼스널 브랜딩 채널을 만들고 싶은 사람들에게, 내가 추천해주고 싶은 꿀팁 1가지가 있다. 2030 여성이라면 스파(SPA)브랜드로 유명한 '자라(ZARA) 매장 털기' 같은 콘텐츠를 만들어 보라. 의류 브랜드는 시즌에 따라 신상품을 선보이기 때문에, 계절에 맞춰서 매장에 직접 방문해 옷을 입어보고, 디자인을 소개하는 등의 콘텐츠를 만들 수 있다. 또 이런 콘텐츠는 시의성이 있어, 어느 정도의 조회수는 무조건 보장된다. 개인 콘텐츠를 조금씩 만들다 보면, 내가 잘하는 분야의 콘텐츠가 쌓일 것이고, 곧 그 분야의 전문가가 되어 있을 것이다. 또, 대중이 사용하는 검색어를 분석하고 사용자 위치 등의 요소를 고려하는 등, 구글의 검색 알고리즘에서 어떻게 관련성이 높은 콘텐츠가 될 수 있는지도 부지런히 알아보기를 바란다.

5장

라이브 커머스,
지금 당장 시작하라

라이브 커머스,
지금 당장 시작하라

라이브 커머스는 현대 사회에서 기업과 개인 모두에게 많은 이점을 제공하는 동시에, 끊임없는 가능성을 보여주는 새로운 비즈니스 모델이다. 이는 라이브 커머스가 단순히 상품을 판매하는 도구를 넘어, 새로운 기능을 하는 판매 도구로써의 역할을 수행할 수 있다는 것을 의미한다.

라이브 커머스는 실시간으로 상품을 소개하고 판매하는 플랫폼으로, 인터넷을 통해 고객과 상호작용하는 동시에 상품을 홍보하고 판매한다. 이는 전통적인 온라인 쇼핑 경험을 더욱 생생하고 현실적으로 만들어주고, 소비자들은 화면을 통해 실제로 상품을 보며 판매자와 직접 소통하면서 구매 결정을 내릴 수 있다. 이러한 실시간 소통은 고객들에게 상품에 대한 믿음을 심어주고, 구매 확률을 높인다. 그렇다면 이처럼 새로운 비즈니스의 장을 열어준 라이브 커머스를 어떻게 이용하면 수익을 창출할 수 있을까.

첫 번째, 라이브 커머스는 개인 브랜드의 성장과 수익 창출의 단초가 될 수 있다. 예를 들어 패션 액세서리를 판매하는 개인 브랜드 A가 있다고 하자. A는 라이브 커머스로 제품을 소개하고 판매하며, 방송에서 제품의 특징과 스타일링 팁을 제공해 고객들과 신뢰를 쌓고 팬덤을 구축할 수 있을 것이다. 이를 통해 A는 수익을 창출하면서 동시에 브랜드의 성장을 이룰 수 있다. 이처럼 라이브 커머스의 잠재력은 무한하다. 당신도 지금 당장 라이브 커머스를 시작하기만 하면, 개인 브랜드를 성장시키고 수익을 창출할 기회가 주어진다.

두 번째, 라이브 커머스는 제품 홍보와 마케팅에 효과적인 도구다. 화장품을 판매하는 B기업이 있다고 하자. B기업은 라이브 커머스를 통해 신제품을 홍보하고 판매하며, 방송에서는 제품의 효과와 사용법을 실시간으로 설명하고, 고객과 소통해 제품에 대한 신뢰를 높일 수 있다. 또한, 라이브 커머스 방송을 소셜 미디어를 통해 홍보해 고객들의 게시글 공유를 통한 홍보와 참여를 유도할 수도 있을 것이다. 이를 통해 B기업은 제품의 홍보와 마케팅을 효과적으로 수행해, 라이브 커머스로 많은 수익을 창출할 수 있다.

　세 번째, 라이브 커머스는 다채로운 수익 창출 방법을 제공한다. 예를 들어, DIY 제품을 만드는 창작자 C는 라이브 커머스 방송에서 제품의 제작과정을 공개하고, 제품을 직접 판매할 수 있다. 또한 라이브 방송 중에는 시청자들이 C에게 후원을 할 수 있고, 제품에 대한 주문을 직접 받을 수도 있다. 이와 같은 다채로운 수익 창출 방법은 C에게 기성 시장을 넘어서 더 큰 기회를 줄 수 있으며, 라이브 커머스를 통해 돈을 버는 새로운 경로를 열어준다.

　앞선 장에서도 말했듯, 라이브 커머스를 시작하기 전에는 고려해야 할 몇 가지 요소가 있다. 우선 어떤 플랫폼을 사용할지부터 결정해야 한다. 현재 시장에는 다양한 라이브 커머스 플랫폼이 있으며, 각각 장단점이 다르다. 따라서 자신의 비즈니스 목표와 타깃 고객층에 맞는 플랫폼을 선택하는 것이 중요하다. 또한, 라이브 방송을 위한 준비와 계획이 필요하다. 효과적인 라이브 커머스를 위해서는 좋은 내용과 화려한 프레젠테이션, 그리고 뛰어난 커뮤니케이션 스킬이 필요하다. 라이브 커머스는 단순히 상품을 소개하고 판매하는 것 이상의 가치를 제공한다. 따라서 라이브 커머스를 통해 상품을 판매하는 동안에는 고객들과의 상호작용을 통해 브랜드 이미지를 강화하고, 고객들의 신뢰를 쌓으려는 노력도 필요하다. 소비자들은 라이브 방송을 통해 판매자의 전문성과 열정을 직접 체험하면서 브랜드에 대한 긍정적인 인상을 받는다. 그리고 이는 장기적인 관계 구축과 고객 충성도 향상에 큰 도움이 된다.

소비자들은 라이브 방송을 통해 상품을 보면서 직접적인 피드백을 제공할 수 있다. 이는 판매자들이 제품이나 서비스를 개선하는 데 도움이 된다. 더불어 라이브 방송을 통해 추가 상품을 소개하거나 특별한 할인을 제공하는 등의 이벤트를 개최해서, 고객들의 관심을 끌고 구매율을 높일 수 있다. 라이브 커머스는 소비자들의 구매행동을 분석하고 이에 대응하는 개인 맞춤형 마케팅 전략을 구축하는 데에도 활용될 수 있다. 소비자들의 시청 기록과 상호작용 패턴을 분석하면, 가장 인기 있는 상품과 효과적인 마케팅 전략이 무엇인지 파악 가능하기 때문이다. 그리고 이를 통해 개인 맞춤형 프로모션을 제공하고, 고객들의 구매 결정을 돕는 데에 활용할 수 있다.

이번 장에서 개인 브랜드의 성장, 제품 홍보와 마케팅, 다채로운 수익 창출 방법 등을 통해 라이브 커머스가 수익을 창출하는 데 어떤 잠재력을 가지고 있는지 알아봤다. 이처럼 라이브 커머스는 지금 당장 시작해야 하는 수많은 이유를 가지고 있고, 수익 창출과 성장을 위한 효과적인 방법 중 하나다. 라이브 커머스는 현대 비즈니스의 핵심이 될 것이며, 당신의 비즈니스를 다음 레벨로 끌어올릴 것이다. 돈 버는 라이브 커머스의 가능성을 놓치지 말고, 지금 바로 시작하라.

집 밖에서 쇼핑하던 시대는
끝났다

온라인 쇼핑이 우리의 삶에 큰 변화를 가져온 것은 분명하지만, 라이브 커머스의 등장으로 인해 이제는 집에서도 실시간으로 상품을 살펴보고 구매할 수 있게 됐다. 이 장에서는 집에서 쇼핑하는 라이브 커머스의 특징과 성공 사례를 살펴보고, 집 밖에서 직접 돌아다니며 쇼핑하던 방식과 라이브 커머스가 어떻게 다른지 알아보고자 한다.

실시간으로 상품 정보와 시연을 제공하는 라이브 커머스는 소비자가 집에서도 쇼핑의 재미를 느낄 수 있게 만든다. 패션 아이템을 판매하는 A브랜드의 라이브 커머스 방송에서는 모델이 실시간으로 옷을 입고 보여주며, 쇼호스트가 옷의 특징과 재질 등을 상세히 설명해줄 수 있다. 이를 통해 고객들은 화면을 통해서 보고 있지만, 마치 실제로 상품을 보는 듯한 경험을 할 수 있으며, 상품에 관해 현장보다 더 자세한 정보를 얻을 수 있다. 집 밖에서 매장을 찾아다니지 않아도, 라이브 커머스를 통해 실시간으로 상품을 살펴보고 구매할 수 있어 편리함이 극대화되는 것이다.

또한 라이브 커머스는 상품 구매의 편리성에 더불어, 신뢰성을 제공하기 때문에 집에서 쇼핑하는 것을 더욱 매력적으로 만든다. 예를 들면, 화장품을 판매하는 B브랜드는 라이브 커머스 방송에서 화장품 전문가가 제품의 효과와 사용 방법에 대해 실시간으로 설명하는 것을 보여줄 수 있다. 또한, 고객들은 라이브 방송 중에 직접 전문가와 소통할 수 있다. 이를 통해 고객은 현장에서 알지 못하는 판매원으로부터 정보를 듣는 것보다 신뢰할 수 있는 정보를 얻으며, 상품 구매에 자신감을 갖게 된다. 라이브 커머스는 고객들이 편리한 쇼핑을 할 수 있도록 돕고, 집 밖에서 쇼핑하던 시대의 불편함과 불신을 해소시키는 것이다.

라이브 커머스는 고객 참여를 촉진해 상호작용을 늘려 고객의 쇼핑 경험을 더욱 즐겁게 만든다. 예를 들면, 가전제품을 판매하는 C브랜드는 라이브 커머스 방송에서 고객들이 제품을 실시간으로 체험하고, 테스트할 수 있는 이벤트를 진행할 수 있다. 그러면 고객들은 직접 제품을 사용하고, 의견을 나누며, 다른 참여자들과의 소통을 즐길 수 있다. 이런 상호작용과 고객 참여는 고객들에게 쇼핑의 즐거움을 더해주고, 집에서도 즉각적인 피드백과 소통을 통해 원하는 제품을 선택할 수 있도록 도와준다.

우리는 이렇게 실시간 상품 정보 제공과 시연, 상품 구매의 편리성과 신뢰성의 상승, 상호작용과 고객 참여 등 장점을 통해 라이브 커머스가 집에서도 쇼핑을 즐길 수 있는 새로운 소비문화를 제공한다는 것을 알 수 있다. 라이브 커머스는 온라인 쇼핑의 혁신적인 방법으로써, 고객들에게 더욱 다양하고 편리한 구매활동을 제공하며, 집 밖에 직접 나가서 쇼핑하던 시대의 불편함과 제약을 해소시키고 있다.

똑같은 상품을 구매하려고 할 때, 백화점에 있는 상품을 직접 보고 구매할 것인가, 아니면 쇼호스트가 백화점에 가서 라이브 커머스로 송출하는 방송을 보고 구매할 것인가. 내가 직접 보는 것과, 남이 직접 보여주는 것의 차이다. 한번 라이브 커머스 쇼핑의 재미에 빠졌던 고객이라면, 당연히 라이브 커머스로 제품을 구매할 것이다. 직접 차를 타고 가서 물건을 구매하고 다시 차를 타고 돌아오는 데 걸리는 3시간을 다른 곳에 활용하면서, 집에서 30분 만에 구매 결정을 내릴 수 있다. 이러한 방식은 우리 삶의 패턴에 큰 변화를 가져왔다. 이제는 라이브 커머스를 통해 시간과 공간의 제약을 거두고, 황금 같은 내 시간을 효율적으로 활용하면서 현명하게 소비를 하는 소비문화가 정착되고 있다. 이렇게 라이브 커머스는 성공적인 쇼핑의 시대를 열었다.

방송경력 없는
나도 할 수 있나요

　내가 존경하는 인물 중 '김윤진'이라는 배우가 있다. 그녀가 출연하는 영화는 거의 다 봤을 정도로, 오랫동안 그녀의 연기를 좋아했다. 1999년 〈쉬리〉를 시작으로, 2010년 개봉한 〈하모니〉, 2014년 개봉한 〈국제시장〉 등 그녀는 명작 영화들에 주연으로 출연해 열연을 펼쳤다. 그녀는 연기력으로 단 한 번도 말이 나온 적 없는 배우다. 하지만 그녀가 대단한 이유는 또 다른 데에 있다. 그녀는 자신의 온 생애를 통해 '노력하면' 성공한다는 것을 몸소 보여준 사람이다. 소위 금수저라 불리는 집안 배경이나 다른 도움 없이, 끈기와 노력만으로 현재의 명성을 거머쥐었다.

　요즘 대한민국의 위용을 세계에 알린 유명인을 떠올리라고 하면 대부분 '방탄소년단(BTS)'을 떠올릴 것이다. 하지만 나는 방탄소년단 이전에 김윤진이라는 배우가 있었다고 생각한다. 대한민국 국민이라면 '최초로 할리우드 진출에 성공한 한국 배우'로 누구나 김윤진을 떠올린다. 그럼에도 그녀는 영어 이름조차 없다. 미국에서도 본인의 한국 본명인 '김윤진'을 사용했다고 한다. 그녀는 뉴욕 보스턴 대학교에서 공연예술학을 전공하고 온갖 고생을 하며, 순전히 본인의 능력과 노력으로 지금의 자리에 올랐다. 김윤진 배우야말로 '뜻이 있는 곳에 길이 있다'라는 말을 온 생애에 걸쳐 증명한 인물이 아닐까 생각해본다.

내가 뜻이 있다면 그곳에 무조건 길이 있다. 라이브 커머스도 똑같다. 방송경력이 없을 뿐이지 내가 인생에서 해온 경력 자체가 없는 것은 아니지 않은가. 예를 들어, A씨가 요리에 대한 열정을 가지고 있고, 요리 관련 상품을 판매하고 싶어 한다고 치자. 방송경험이 없지만, A씨는 자신의 요리 노하우와 레시피를 활용해 얼마든지 라이브 방송을 진행할 수 있다. A씨는 요리 방송을 통해 제품의 사용법과 다양한 요리 팁을 공유하며, 시청자들과의 상호작용을 통해 신뢰를 구축할 수도 있다. 이렇게만 한다면 A씨는 방송경력 없이도 전문 지식과 열정을 활용해서 라이브 커머스를 성공적으로 수행할 수 있는 것이다.

그 외에도 방송경력이 없는 사람도 라이브 커머스 기회를 잡을 수 있는 방법이 있다. 그중 하나로, 방송경력이 없는 사람들은 협업과 제휴를 통해 라이브 커머스의 기회를 찾을 수 있다. 패션 관련 상품을 판매하고 싶은데 방송경험이 없어서 어려움을 느끼는 사람이 있다고 생각해보자. 하지만 이 사람은 유명한 패션 블로거와 협업해서 라이브 커머스 방송을 진행할 수도 있다. 혹은 유명 블로거를 섭외해 함께 제품을 소개하고 스타일링 팁을 공유하며, 블로거의 팬들에게 상품을 홍보할 수도 있다.

마지막 방법은 공부와 연습을 통한 성장이다. 방송경력이 없는 사람들도 라이브 커머스를 공부하고 연습한다면 성장할 수 있다. 경력이 없지만 화장품을 판매하고 싶다면, 우선 공부하고 연습하는 것이다. 라이브 커머스에 대한 책과 강의를 공부하고, 연습을 통해 자신의 방송스킬을 향상시켜라. 그러면 자신의 화장법이 생겨 이를 효과적으로 설명할 수 있게 될 것이고, 제품의 특징을 설명하는 스킬도 늘 것이다. 라이브 커머스의 기회는 이렇게 만들어낼 수도 있다.

이렇듯 전문 지식과 열정을 활용하기, 협업과 제휴를 활용하기, 그리고 공부와 연습을 통한 성장 등의 방법을 통해 방송경력 없이도 라이브 커머스의 기회를 잡을 수 있다. 중요한 것은 자신의 강점을 찾고, 학습하며, 발전하려고 노력하는 것이다. 방송경력이 없다고 해서 라이브 커머스를 포기할 필요는 없다. 도전해보고, 노력해보면서 라이브 커머스의 매력적인 세계에 발을 들여라. 방송경력 없는 당신도 충분히 라이브 커머스를 할 수 있다!

남보다 튀는 것을
두려워하지 마라

방송을 하기로 작정했다면, 이른 바 '텐션'을 높이는 것이 중요하다. 어떻게 보면 오버하는 느낌이 들 정도로 내 텐션을 높게 유지해야 한다. 왜냐하면, 실제로 내가 내는 텐션과 방송으로 보는 텐션에는 큰 차이가 있기 때문이다. 방송에서 아무리 까불고 오버해도 정작 방송에 송출된 내 모습에서, '왜 조금 더 통통 튀지 못했을까?…' 하는 느낌을 받을 때가 많다. 소위 'MBTI'에서 'E(외향적)' 성향을 가졌다는 사람들도 카메라 앞에 가면 얌전해지는 경우가 부지기수다. 하지만 가벼운 느낌으로 텐션을 높이면 안 된다. 진중하고 신뢰감을 주면서도, 높은 텐션을 유지하는 아주 어려운 숙제가 우리 앞에 놓여 있다.

"남보다 튀는 것을 두려워하지 마라."

현대 사회에서 우리는 종종 '따르는' 것이 '성공의 지름길'이라는 편견에 빠지기 쉽다. 주변에 있는 다른 사람들의 행동이나 생각을 모방하고, 일반적인 규범에 따라 행동하는 것이 안전하고 편리해 보일 수 있다. 그러나 이런 생각이 우리를 무한한 가능성과 창의성에서 소외시키고, 우리가 스스로의 진정한 자아를 발견하는 것을 막을 수도 있다. 그렇기 때문에 나는 당당하게 말하고 싶다. "남보다 튀는 것을 두려워하지 마라." 자신의 독특한 아이디어와 행동을 추구하는 것이 정말 중요해진 시대다. 여기서 나 자신을 알고 나를 드러내는 것의 중요성에 관해 몇 가지를 알아보고자 한다.

첫 번째로, 특이성은 인간의 진정한 가치를 드러내는 길이다. 우리는 각자가 독특한 경험, 관점, 열정을 가지고 있다. 그러나 이를 억누르고 일반적인 규범에 따라 행동한다면, 우리는 자신만의 정체성을 잃고 모두와 비슷해질 수밖에 없다. 튀는 것은 우리를 특별하게 만들고, 우리만의 독특한 존재로 인정받을 수 있는 기회를 준다. 우리가 자신만의 목소리를 내지 않고 남들을 따라다닌다면, 우리는 자신의 뛰어난 잠재력을 놓치게 될 것이다. 특히 라이브 커머스에서는 말이다.

두 번째로, 튀는 것은 혁신과 발전의 원동력이다. 역사상 가장 혁신적이고, 성공한 인물들은 대부분 일반적인 규범을 뛰어넘고 독특한 아이디어를 실현시켰다. 이들은 주변에서 비난 받고 비판 받았지만, 그들의 비전과 열정을 통해 세계를 바꿨다. 스티브 잡스, 일론 머스크(Elon Musk), 셰릴 샌드버그(Sheryl Sandberg) 등 현대 사회에서 우리는 이들을 특이하고 특별한 존재로 기억한다. 그들이 어떻게 튀는 아이디어와 행동을 통해 성공을 거두었는지는, 우리에게 스스로를 지키며 성공하는 방법을 보여주는 좋은 예다.

세 번째로, 튀는 것은 우리의 성장과 자기계발에 도움이 된다. 일반적인 규범을 따르는 것은 편리할 수 있지만, 그것은 우리를 불안하고 만족스럽지 못한 삶으로 이끌 수 있다. 우리가 튀는 아이디어를 추구하고 독특한 경험을 쌓는다면, 우리는 자신의 경계를 넓히고 새로운 것을 시도할 용기를 가질 수 있다. 우리는 실패와 반론에 직면하겠지만, 그것들은 우리가 성장하고 발전하는 과정의 일부일 뿐이다. 튀는 것을 두려워하지 않는다면, 우리는 더욱 강하고 자기 확신에 찬 삶을 살게 될 것이다. 그리고 튀어야 살아남는 분야가 바로 '방송'이다.

마지막으로, 튀는 것은 세상을 변화시키고 긍정적인 영향을 줄 수 있다. 우리가 특이하고 독특한 아이디어를 추구한다면, 우리는 사회적 문제를 해결하고 새로운 가능성을 열어갈 수 있는 가능성을 가지게 된다. 특이성은 우리의 다양성과 포용성을 증진시키고, 스스로가 새로운 아이디어와 관점을 수용하는 데 도움이 된다. 우리가 튀는 것을 두려워하지 않고, 우리 자신의 아이디어와 비전을 추구한다면, 우리는 세상을 변화시키는 힘을 가질 수도 있다.

이러한 이유들 때문에 나는 당당히 말하고 싶다. 남보다 튀는 것을 두려워하지 말라고. 우리는 각자의 독특한 아이디어와 열정을 추구하며, 우리만의 길을 걸어가야 한다. 우리가 스스로의 특이성을 받아들이고 자신을 찾아가면, 놀라운 발견을 하게 될 것이다. 또한 우리가 그런 자신을 사랑한다면, 우리는 진정한 성공과 만족을 느끼게 될 것이다.

멀리 가려면
함께 가라

현대 사회는 개인주의가 당연시되고 이웃 간에도 교류를 하지 않으며, 말 그대로 "혼자서 잘 먹고 잘 사는" 세상이 됐다. 특히 우리나라의 정치적, 이념적, 종교적 갈등은 매우 심각한 편이라고 생각한다.

"빨리 가려면 혼자 가고, 멀리 가려면 함께 가라."

아프리카의 유명한 격언으로 알려진 말이다. 이 말대로 우리는 멀리 가기 위해 함께 가야 한다. 라이브 커머스 방송도 마찬가지다. 방송을 하다 보면 수많은 사람들과 부대끼게 된다. 에이전시 직원부터 촬영팀, 상대편 쇼호스트, 그리고 소위 '업체'라고 하는 클라이언트 등. 우리는 이 사람들과 협력하는 관계라고 생각하고, 인간관계를 잘 쌓아놔야 롱런할 수 있다. 특히 상대편 쇼호스트라고 해서, 무작정 경쟁자라고 생각하면 곤란하다. 쇼호스트끼리 협력하고 소통하며 서로 방송 정보를 주기도 하고, 나아가 방송을 연결해주기 때문이다.

내가 방송을 시작하게 된 기회도 같이 스터디를 했던 쇼호스트 동생을 통해서였다. 그 동생이 하지 못하게 된 방송을 내가 넘겨받아 처음으로 카메라 앞에 서 볼 수 있게 된 것이다. 그때 그 기회가 없었다면 아직도 방송을 시작도 못해본 채 시간만 흘려보냈을 수도 있다.

이렇게 사람은 상호 연대감을 통해 서로 협력하고 성장해나간다. 함께해야 '시너지'를 낼 수 있는 것이다. 먼저 우리는 협력과 연대가 사회적으로 어떤 역할을 하는지에 대한 이해가 필요하다. 사회에서의 협력과 연대는 그 자체로 놀라운 힘을 지니고 있다. 사람들이 서로 협력하고 연대하는 것은 그들의 능력과 가능성을 최대한 발휘할 수 있도록 도와주며, 보다 포괄적이고 지속적인 성장을 가능하게 한다. 이러한 협력은 개인의 성장과 사회의 발전에 동시에 이바지하며, 긍정적인 효과를 누릴 수 있게 한다.

사회적으로 연대하고 협력하는 것은 이웃과의 관계를 강화하고,

상호 간의 신뢰와 이해를 촉진하는 데에도 도움이 된다. 이는 우리가 서로를 더 잘 이해하고 배려할 수 있도록 돕고, 결국에는 더욱 조화롭고 화합된 사회를 이루어나갈 수 있게 한다. 더불어, 협력과 연대는 개인의 삶에도 큰 영향을 미친다. 다양한 분야에서의 협력은 개인이 자신의 한계를 넘어서 성장하고 발전할 수 있는 기회를 제공하며, 새로운 아이디어와 관점을 얻을 수 있도록 도와준다.

하지만 현대 사회는 이러한 연대와 협력이 부족한 상황에 직면했다. 최근 통계에 따르면 '어려움에 처했을 때 자신을 도와줄 이가 있는가?' 하는 질문에 대한 우리나라의 긍정적 답변 점수는 OECD 38개국 중 밑에서 네 번째일 정도로 낮았다고 한다. 개인주의와 경쟁이 강조되며, 사회적 유대감이 약화되고, 이웃 간의 소통과 협력이 줄어들고 있다. 이는 사회적 분열과 갈등을 일으키며, 상호 이해와 협력을 위협하는 요인이 된다. 특히, 최근의 사회적, 경제적 어려움에 대한 대응에서도 이러한 문제가 더욱 부각되고 있다. 사람들이 자신의 이익을 위주로 행동하며, 타인과의 협력보다는 개인의 이익을 우선시하는 경향이 뚜렷해지고 있다.

그러나 이러한 상황에도 불구하고, 우리는 협력과 연대를 통해 이러한 문제를 극복할 수 있다. 라이브 커머스에서도 마찬가지다. 사회적으로 연대하고 협력하는 것은 우리의 공동체 의식과 상호 간의 신뢰를 증진시키며, 더욱 포용적이고 번영하는 사회를 이루어나갈 수 있는 첫걸음이다. 이는 우리 모두가 함께 노력해 이루어낼 수 있는 일이다. 함께 가면 멀리 갈 수 있다.

1년만 미치면
성공한다

라이브 커머스는 온라인 판매에 있어서 빠르게 성장하고 있는 분야로, 그만큼 많은 사람들이 이 분야에서 성공을 꿈꾸고 있다. 모두가 성공을 꿈꾸는 이곳에서, 1년 내에 라이브 커머스를 통해 성공을 이루어낸 사례와 그들의 전략을 살펴보며, 어떻게 하면 그들처럼 성공할 수 있는지 알아보도록 하자. 다음 사례는 브랜드와 쇼호스트 모두에게 적용될 수 있는 사례다.

라이브 커머스에서 성공하기 위해 가장 중요한 요소 중 하나는 '효과적인 콘텐츠 전략'이다. 브랜드 A는 라이브 커머스 방송에서 다양하고 유익한 콘텐츠를 제공해서 고객들의 관심을 끌었다. 라이브 커머스 방송에서는 단순히 상품을 소개하는 것 이상의 가치를 제공해야 한다. 브랜드 A는 제품의 특징과 사용법을 자세히 설명하면서도 유익한 정보를 공유하고, 고객들의 질문에 신속하게 대응했다.

예를 들면, A의 라이브 커머스 방송에서는 상품 소개뿐만 아니라 제품과 관련된 팁, 스타일링 아이디어 등 다양한 콘텐츠를 제공한다. 이를 통해 고객들은 단순히 상품 구매에 그치는 것이 아니라 해당 분야와 관련해 유용한 정보를 얻을 수 있었고, 이는 브랜드 A와 고객 간의 신뢰를 높여줬다.

두 번째로, 라이브 커머스에서 성공하기 위해서는 '소셜 미디어의 활용'이 매우 중요하다. 브랜드 B는 라이브 커머스 방송을 소셜 미디어 플랫폼에서 홍보하고, 고객들과의 소통을 적극적으로 했다. B는 인스타그램, 페이스북, 유튜브 등의 플랫폼을 활용해 방송 예고와 제품 소개, 이벤트 안내 등 다양한 콘텐츠를 실시간으로 공유했다.

B는 인스타그램 스토리를 통해 방송 예고를 하고, 유튜브에서는 이전 방송의 하이라이트를 공유하며 방송을 알리는 전략을 취했다. 이를 통해 B는 라이브 커머스 방송에 대한 대중의 관심을 높일 수 있었고, 자연스레 더 많은 고객들이 B의 방송을 시청하고 상품을 구매하게 됐다.

마지막으로, 라이브 커머스에서 성공하기 위해서는 '고객의 의견과 피드백을 적극적으로 수집하고 반영'하는 것이 중요하다. 브랜드 C는 라이브 커머스 방송 후에 고객들로부터의 평가와 의견을 체계적으로 수집해 제품과 서비스를 개선했다. 라이브 커머스 방송은 실시간으로 진행되기 때문에 고객들의 의견을 즉시 반영할 수 있는 장점이 있기 때문이다.

C는 방송 종료 후에 고객들로부터의 리뷰를 유도하고, 만족도 조사를 실시해 방송의 퀄리티와 제품의 만족도를 평가했다. 이를 통해 C는 고객들의 요구와 선호도를 파악하고, 개선 사항을 신속하게 반영할 수 있었다. 고객 경험 개선을 위한 피드백 수집은 라이브 커머스 방송의 품질을 향상시키고, 고객들과의 관계를 더욱 강화시키는 데 도움이 된다는 것을 알 수 있는 부분이다.

이번 장에서는 라이브 커머스를 통해 1년 만에 성공한 사례들을 이야기하며, 그들이 사용한 방법 3가지를 살펴봤다. 그들은 효과적인 콘텐츠 전략, 소셜 미디어 활용 전략, 고객 경험 개선을 위한 피드백 수집 등의 전략을 통해 라이브 커머스에서 단시간에 성공을 이루어냈다. 라이브 커머스는 누구보다 빠르게 성장하고 있는 분야이며, 자연스레 앞으로도 많은 사람들이 라이브 커머스에서 성공할 기회가 남아 있음을 알 수 있다. 그러니 여러분도 라이브 커머스 시장에 하루 빨리 뛰어들어, 앞에서와 같은 전략을 이용해 성공을 이루기를 기원한다.

나는 라이브 커머스로 맞벌이한다

제1판 1쇄 2024년 6월 14일

지은이 김주아
펴낸이 한성주
펴낸곳 ㈜두드림미디어
책임편집 김가현, 배성분
디자인 김진나(nah1052@naver.com)

㈜두드림미디어
등 록 2015년 3월 25일(제2022-000009호)
주 소 서울시 강서구 공항대로 219, 620호, 621호
전 화 02)333-3577
팩 스 02)6455-3477
이메일 dodreamedia@naver.com(원고 투고 및 출판 관련 문의)
카 페 https://cafe.naver.com/dodreamedia

ISBN 979-11-93210-75-8(03320)